U0038067

UPWARD

BODY.MIND.SPIRIT

身、心、靈，

全面向上提昇！讓自己更好！

# 上班前的關鍵1小時

哈爾·埃爾羅德 Hal Elrod 著
林靜華 譯

The Miracle Morning

## ○來自各界的一致推崇！

哈爾．埃爾羅德是天才！他的《上班前的關鍵1小時》對我的人生產生了魔幻力量！就如我的富爸爸說的：「我永遠都可以再賺一元，但我無法再創造另外一天！」如果你想把你生命中的每一天最佳化，一定要讀《上班前的關鍵1小時》！

——**《富爸爸，窮爸爸》作者／羅勃特．T．清崎**

你偶爾會讀到一本改變你的人生觀的書，但難得找到一本能改變你的生活方式的書。《上班前的關鍵1小時》兼具這兩項優點，而且能夠比你想像的更迅速、更有效地改善你的人生！

——**前雅虎資深主管／提姆．桑德斯**

閱讀《上班前的關鍵1小時》就是送你自己一個每天早晨醒來充滿能量的禮物。停止一再拖延創造你想要過和你值得過的人生的時候到了！我推薦你閱讀這本書，試試看如何改變你的人生。

——**全球商務引薦平臺BNI創辦人兼執行長／艾文．米斯納博士**

《上班前的關鍵1小時》是繼《一週工作4小時》之後，教人如何轉換思維模式最有效的書。哈爾現身說法，不但自己養成習慣，並且不吝與讀者分享，本書將告訴你如何提升你的人生與事業水準。

**——Easy Pay Direct 執行長／布萊德・韋默特**

我一直都是個夜貓子，一大早起床根本是不可能的事……但我老是聽人說早起對他們的成功、情緒和人生多麼有幫助，因此我對自己許諾也來試試看《上班前的關鍵1小時》有沒有效。我實驗了三個禮拜，發現我在專注力、情緒及完成工作的能力方面都有了巨大的改變。

**——熱門網路播客節目「Smart Passive Income」主持人／帕特・弗林**

一開始我認為哈爾瘋了，幹嘛天天那麼早起床?!我滿肚子疑問……直到我親自實驗。當我採用哈爾的方法後，我發現我的生活與事業立即有了改變。《上班前的關鍵1小時》教你如何掌握你的人生，無論你有怎樣的過去。我在此強力推薦！

**——電視節目主持人、青少年行為專家／喬許・席普**

我怎麼也沒想到我會談這本「早起的書」，但《上班前的關鍵1小時》改變了我的人生。是的，你沒看錯。當我開始閱讀這本書時，我很好奇，想知道它是否能打破我的自圓其說和藉口，想不到果然真的有效！我的日子變得更有效益，我的體格在我眼皮底下逐漸產生變化。

**——Limo.com 前執行長／德馬科**

《上班前的關鍵1小時》能立即徹底改變你生命中的任何方面或全部，如果你想現在就開始改善你的人生，我強力推薦你立刻閱讀這本書！

**——電影《豪情好傢伙》本尊、聖母大學美式足球員／魯迪・休廷傑**

《上班前的關鍵1小時》確實改變了我的人生，它先是使我充分發揮我的潛力，後來又引導我擴大我的覺察力，讓我不斷發掘新的機會與潛能。

**——電影導演／尼克・柯內德拉**

假如你想告別平庸，讓你的潛力發揮到極致，那麼你應該閱讀這本平鋪直敘、簡單明瞭的書。《上班前的關鍵1小時》會告訴你如何啟動個人力量、發掘潛能，以及使平凡人也能成為傑出人士的關鍵。

**——InspireMeToday.com 網站創辦人／蓋兒・林恩・古德溫**

哈爾給了我們一本我們自己認為難以企及的成功、快樂與幸福的藍圖，而且方法如此簡單，任何人在任何處境之下都可以轉化他們的人生！

**——《心靈雞湯：美國偶像篇》共同作者／黛博拉・波納曼**

《上班前的關鍵1小時》帶給你必要的時間與動力去創造你想要的成就——無論你有多麼忙碌。我強力推薦你閱讀這本書！

**——《心靈雞湯：大學之愛》作者／詹姆斯・馬林恰克**

哈爾・埃爾羅德不只是一個鼓舞人心的人，他還將他個人不可思議的遭遇轉化成你可以用來創造你的奇蹟的經驗。

——**暢銷書《銷售聖經》作者／傑佛瑞・基特瑪**

《上班前的關鍵1小時》是幫助人們改變一切的要件，我將它推薦給我的「改變遊戲規則」會員，並且保證它也能使你成為一個改變遊戲規則的人。

——**暢銷書《6個月，6位數》作者／彼得・伍德**

# 來自讀者的親身見證

參考一下，看看你是否可能……

我實踐「創造早晨奇蹟」已經七十九天了，打從第一天開始到現在，沒有一天中斷過。老實說，這是我在決定做一件事之後，第一次持之以恆地連續做了幾天或幾個星期！現在我每天都期待從睡夢中醒來，真是不可思議。《上班前的關鍵1小時》徹底改變了我的人生。

**——創業家／米蘭妮・戴潘（美國賓州，錫林斯格羅夫）**

今天是第六十天了！我修習「創造早晨奇蹟」的成果如下：

- 我減輕了二十磅，腰圍變成五十五吋。
- 我完全戒菸。
- 每一天的精神都比以前更好。
- 整天都很開心。
- 《上班前的關鍵1小時》激勵我更上一層樓！

**——業務代表／道恩・波格（加拿大安大略省，雷克斐德）**

幾個月前我決定試試看《上班前的關鍵1小時》這本書中所教的方法，結果我的生命改變了，而且速度快得我幾乎趕不上腳步！我因此變得比以前更健康，並連帶影響其他各方面。我的事業本來很不如意，但經過我每天努力改變自己，終於扭轉過來了！

——**資深會計主管／羅勃・雷羅伊（美國加州，沙加緬度）**

二〇〇九年十二月，當時仍就讀於加州大學戴維斯分校的我開始採行《上班前的關鍵1小時》教導的方法後，立即發現我有巨大的改變。我很快便達成我的目標，甚至超過原先的預期。我的體重減輕了，找到新的愛人，學業成績突飛猛進，甚至收入也呈倍數成長——這些全部都在不到兩個月內發生！如今雖然時隔多年，「創造早晨奇蹟」依舊是我日常生活中不可或缺的一部分。

——**瑜伽老師／娜塔妮雅・格林（美國加州，沙加緬度）**

自從開始修習「創造早晨奇蹟」後，我不但整個人感到神清氣爽，並且減輕了二十五磅。我現在比以前任何時候更快樂、健康，更有效率！現在我每天都能做更多事，這是我過去無法想像的。對了，我有沒有告訴你我已經減了二十五磅？

——**區經理／威廉・霍根（美國奧勒岡州，格雷舍姆）**

我修習「創造早晨奇蹟」已經有十個月了，從那以後我的收入倍增，生活稱心如意，更重視和家人及朋友相處的美好時光。不用說，我是它理所當然的大粉絲！

——**區域業務經理／麥克・麥德摩特（美國加州，戴維斯）**

我第一次聽到「創造早晨奇蹟」時，心想：「有效才怪！」我是個大學生，選修十九個學分，還有個全職工作，根本沒有時間達成我的目標。我還不知道「創造早晨奇蹟」之前，每天早晨七點至九點間起床——因為我必須準備上課——但現在我每天早晨都五點起床。透過每一天的個人成長，我不僅學習到更多，也進步更多。我愛「創造早晨奇蹟」！

——**大學生／邁可・芮夫斯（美國加州，核桃溪）**

我不知道要說什麼，只能說自從我修習「創造早晨奇蹟」之後，我每天的生活比過去好上一百倍。

——**業務拓展顧問／喬許・奚爾巴（美國愛達荷州，波夕）**

我持續修習「創造早晨奇蹟」已經有八十三天了，真希望我能早一點知道它。現在我每天都精神抖擻，真不可思議。我比以前更能專心工作，每天做任何事都精神奕奕。感謝「創造早晨奇蹟」，讓我體會到更豐富的生活方式——在個人與事業兩方面都是。

——**區經理／雷伊・查法迪尼（美國馬里蘭州，巴爾的摩）**

我修習「創造早晨奇蹟」才三個星期，就把過去連續服用了三年的提神藥物停止了！「創造早晨奇蹟」在許多方面改變了我的人生，相信它也一樣能改變你的人生。

——**大學生／莎拉・蓋爾（美國明尼蘇達州，明尼亞波利斯）**

「創造早晨奇蹟」為我的人生開啟了全新的一章，它也一樣能改變你。謝謝你，哈爾！

——**創業家／安德魯・巴克斯岱爾（美國維吉尼亞州，維也納）**

「創造早晨奇蹟」使我每一天都像在過耶誕節。現在我連週末也做了。

——**房屋仲介／約瑟夫・戴奧沙納（美國德州，休士頓）**

謹將此書獻給我生命中最重要的人——我的家人。

母親、父親、哈雷、我的愛妻烏蘇拉，以及我的兩個孩子——蘇菲與哈爾斯登。

並以此書紀念我親愛的姐姐艾莫莉・克麗絲汀・埃爾羅德

## ◎《上班前的關鍵1小時》背負的使命

以一個早晨，改變百萬人的生命！

除了將每一本《上班前的關鍵1小時》百分之一的版稅捐給包括前排基金會（Front Row Foundation）在內的許多非營利公益組織外，每年亦將捐出數千本《上班前的關鍵1小時》給亟需鼓勵與轉化人生的團體與個人。我們的使命是將《上班前的關鍵1小時》送到百萬人的手上來改變百萬人的生命，用一個早晨來創造奇蹟。

感謝你的支持！

# Contents

# 給讀者的一封信

無論你目前正處於人生中的什麼階段——你的賽局顛峰、功成名就，或正遭逢困境、焦頭爛額地尋找出路——我知道我們至少有一個共同的地方（也許不止一個，但我知道至少有一個）：我們都想改善我們的人生、改善我們自己。這並不是說我們或我們的人生有任何錯誤的地方，而是身為人類，我們天生就有一種促使我們持續成長與進步的欲望。我相信我們內心都有這樣的欲望，但大多數人每天早晨醒來後，卻仍過著一成不變的生活。

身為一個作家、主題演講者，以及成功人生與事業的教練，我的工作是致力於協助人們將生活各方面提升到成功和達成目標的新境界，而且越快越好。而身為一個致力於不斷學習開發人類潛能與個人成長的學生，我可以斬釘截鐵地說，《上班前的關鍵1小時》是我接觸過最實用、最容易看到成果、最有效率地改善生命中的任一方面——或整體——的方法，而且比你能想像得更快速。

對於卓然有成的傑出人士，《上班前的關鍵1小時》也可以使你成為顛覆遊戲規則的改革者，使你更上一層樓，在個人與事業方面都超越過去的成就。除了能增加你的收入，或使你的業務、銷售和營業額成長之外，更重要的是，它能讓你體驗到過去生活上許多方面被你忽略的更深一層的成就感與平衡感。它也許是你的健康、快樂、人際關係、財務、心靈，或其他任何方面。

對於那些面臨困境或飽受煎熬、掙扎的人——心理、情感、身體、財務、關係，或其他各方面——《上班前的關鍵1小時》已在在證明它是唯一能使任何一個人克服看似難以逾越的挑戰、突破難關、改變現狀的方法，而且往往在極短時間內就能見到成效。

無論你是希望大幅度改善少數幾個地方，或準備好全面積極轉化你的人生——讓你目前的情況迅速成為過去的記憶——你都選對了書。你將展開一趟神奇的探索之旅，用一種簡單但徹底改革、保證轉化你的生活各方面的方法……而且，全都在早晨八點以前執行。

我知道，我知道——你必須慎重地許下諾言，但《上班前的關鍵1小時》已在全球各地數以萬計的人們（包括我自己）身上產生顯著的效果，它絕對可以把你帶到你想去的地方。我很榮幸在此與你分享，而且我已竭盡所能使這本書真正值得你投資時間、精力與關注去改變你的人生。謝謝你容許我成為你生命中的一部分，我們的奇蹟之旅即將展開。

愛你並感激你！

——哈爾

## 竭誠邀請——「創造早晨奇蹟」社群

《上班前的關鍵1小時》的粉絲與讀者組成了一個不可思議的社群，這些有志一同的人每天有目的地醒來，努力發揮我們每個人都具備的無限潛力。身為「創造早晨奇蹟」的創始人，我覺得我有責任組成一個網路社群，讓讀者和粉絲都能在這個網站連結，彼此互相鼓勵，分享最好的方法，相互支持打氣，討論這本書的內容，轉貼視頻，找一個責任夥伴，甚至可以互相交換精力湯食譜與日常運動。

我真的沒想到「創造早晨奇蹟」社群會成為我所見過最正向、積極、互相扶持，以及最有責任感的網路社群之一，但事實的確如此。我為我們的會員素質感到震驚。

請造訪www.facebook.com/groups/MyTMMCommunity網站，加入臉書的「創造早晨奇蹟」社群（The Miracle Morning Community）。你可以在這裡找到志同道合、修習「創造早晨奇蹟」的人——有許多人都已行之有年——並取得額外的協助，提升你的成就。

我會時常上網瀏覽，期待在那裡見到你！

如果你想在社群媒體上和我本人聯絡，請上推特@HalElrod，以及臉書www.Facebook.com/YoPalHal追蹤我的訊息。請不要客氣，直接傳送訊息給我或者提問問題。我會盡量回覆每一個人，所以，讓我們盡快聯繫吧！

人生只有兩種，一種是認爲沒有奇蹟，另一種是相信萬事萬物都是奇蹟。

——愛因斯坦（Albert Einstein）

奇蹟與自然毫不相違，但與我們所認知的自然背道而馳。

——聖奧古斯丁（Saint Augustine）

一生之計在於晨。

——約爾・歐斯汀（Joel Olsteen）

前言

# 我的故事，以及為何你的故事如此重要

一九九九年十二月三日——人生是美好的，不對，人生好極了。二十歲的我剛讀完大學一年級，過去這十八個月我成為一家資產額兩億美元的行銷公司的頂尖產品銷售代表之一，打破公司紀錄，賺進遠遠超過我在那個年紀所能想像的大筆收入。我愛上我的女友，有支持我的家人，還有可以求助的好友。我實在太幸運了。

你可以說我站在世界的頂端，哪知道就在這個晚上，我美好的世界破滅了。

## 深夜十一點三十二分／在九十九號公路上以七十哩時速開車南下

我們離開餐廳，我們的朋友開車跟在後面，此刻車上只有我和女友兩個人。我的女友經過一夜喧鬧的餐會後，此刻正坐在乘客座上打盹。我很清醒——兩眼盯著前方路面，揮動一根手指，彷彿指揮棒那樣默默地指揮柴可夫斯基的樂章。

仍沉浸在當天晚上熱鬧場面的我毫無睡意。我開著全新的白色福特野馬，以七十哩的時速在高速公路上奔馳。兩個小時前我才發表我這一生最精采的一場演說，有生以來第一次，全場觀眾起立為我鼓掌。我興高采烈，事實上，我很想放聲大叫，對任何一個願意聽的人表達我的感激之情，但我的女友睡著了，我不能這麼做。我又想打電話給我爸媽，但夜已深，他們可能已經睡了，我不該吵醒他們。我何嘗知道，那一刻將是我最後一次和我的父母——或任何人——說話的機會，直到一段時間之後。

## 一個意想不到的殘酷現實

不，我不記得我有看到一部巨大的雪佛蘭貨車亮著車頭燈直直對著我衝過來，但事實正是如此，在瞬間的命運扭轉之下，那輛龐大的雪佛蘭貨車以八十哩的時速，迎面撞上我不成比例的福特野馬小跑車。接下來那幾秒鐘彷彿慢動作演出，柴可夫斯基雄渾的交響曲為我們編出一支邪惡之舞。

兩部車迎面互撞，發出尖銳的巨響。野馬的氣囊爆開，強大的衝力使我們失去知覺，我依舊以七十哩時速運行的腦內組織急速衝撞腦殼，造成許多重要的前庭組織受損。

我的野馬經過這一撞，車尾橫向右車道，跟在後方的車輛閃躲不及直接撞上我的駕駛座車門。由一名十六歲少年駕駛的一部土星四門轎車以七十哩的時速硬生生撞上來，車門凹陷插入我的身體，車頂塌陷在我頭上，撞破我的腦殼，差點削掉我的左耳。我的左眼眼窩被擠壓變形，左眼球失去支撐岌岌可危，左手骨折，左前臂的橈神經斷裂，手肘粉碎，斷裂的肱骨刺穿我二頭肌後方的皮膚。

我的骨盆身負隔開土星車頭與我的野馬中控臺的不可能任務，結果當然失敗，當場斷成三截。最後，我的大腿骨——人體中最粗大的骨頭——斷成兩半，斷裂的骨頭刺穿我的大腿皮膚，連我的黑色西裝褲也被刺穿了一個洞。

鮮血噴得到處都是。我的身體支離破碎，我的腦部受到永久性傷害。

我的身體無法承受如此巨大的疼痛而關閉所有機能，我的血壓下降，眼前一黑，我陷入昏迷。

## 你只能活……兩次？

接下來發生的事令人難以置信——許多人稱之為奇蹟。

急救小組抵達現場，消防人員用救生鉗剪斷汽車殘骸將我拖出，我的身體因為出血過多而心臟停止跳動，呼吸也停止了。

臨床診斷上，我死了。

救護人員立即將我送上救援直升機並立即進行急救，六分鐘後，他們成功了，我的心臟又開始跳動，我吸入乾淨的氧氣。謝天謝地，我活過來了。

我昏迷了整整六天，醒來後被告知我可能再也無法走路，但在醫院經過七週艱辛的治療與恢復後，我又開始學走路了。我出院返家由父母照顧，回到現實世界。我身上有十一處骨折，部分腦部永久受損，女友在醫院宣布和我分手，我明白我的人生再也不一樣了。但信不信由你，這卻是一件好事。

儘管掌握我的新現實不是一件容易的事，但我常忍不住想——為何這件事會發生在我身上？——我要負起找回我的人生的重責大任。我沒有抱怨事情應該怎樣，而是接受現實。我不再把精力浪費在但願我有任何不同的命運——但願這些壞事沒有發生在我身上——相反的，我百分之百專注在我過去所做的種種努力。既然無法改變過去，我要把全副精神放在未來。我盡全力發揮我的潛力，實現我的夢想，這樣我才能找出方法教導他人也如法炮製。

同時，我選擇真心感激我所擁有的一切，無條件接受我的缺憾，完全承擔創造我想要的未來的重責大任。這起很可能摧毀一切的車禍，最終反而成為我這一生最有利的一件事。我堅信凡事必出之有因——但為我們生命中的挑戰、事件與處境選擇最有力的原因是我們的責任——我利用這起車禍激勵自己捲土重來、再造成功。

**二〇〇〇年**。我躺在醫院病床上——重傷但沒有重挫——迎接千禧年，但到了年底時我已判若兩人。儘管沒有車，甚至沒有坐在家中為自己的命運找種種藉口及長吁短嘆的短暫記憶，我重返我在Cutco公司的行銷職務，並在這一年達成我職業生涯中最好的成績，在公司內部排名第六（六萬多名積極的業務代表中）。這一切——雖然肉體、心靈、情感，以及財務仍在恢復中——都得力自這場嚴重的車禍。

**二〇〇一年**。從經歷中得到寶貴的人生經驗後，該是將我的逆境轉為鼓舞人心的靈感來啟迪他人的時候了。我開始到各中學和大學演說，分享我的經驗。學生與教職員的反應都非常熱烈，我因此展開激勵年輕人的使命。

**二〇〇二年。**我的好友喬恩・勃霍夫鼓勵我將我的意外事故寫成一本書，進一步鼓勵他人。於是我開始寫作。我速戰速決，很快就停筆了。我不是寫作的料。高中時寫一篇文章已經夠挑戰的了，更遑論寫一本書。我幾度嘗試，但最後總是沮喪地瞪著電腦螢幕發呆，怎麼看都不像一本書。但我在Cutco的業績卻連續第二年名列前十名。

**二〇〇四年。**我嘗試進軍管理工作，接受沙加緬度Cutco公司業務經理的職務。我們的團隊年終時業績高居全公司之冠，並打破往年的年度紀錄。這年秋天，我也達到個人的最高銷售里程碑，進入公司的名人堂。有感於我已實現我想在Cutco達成的目標，我覺得我應該去追求自己的夢想，成為一個以激勵人心為職志的職業演說家，甚至或許將過去幾年一直在我腦中徘徊的理念寫成一本書。我同時在這一年認識了烏蘇拉，我們的感情如膠似漆，我有一種感覺：她很可能就是我的真命天女。

**二〇〇五年二月。**坐在我原本打算最後一次參加的Cutco會議聽眾席上，我痛苦地發現：我並沒有盡全力。唉。當然，我得到一些獎項，也打破若干銷售紀錄，但從我的座位上看著兩位表現最佳的同事上臺領獎——令人羨慕的勞力士錶——我明白我並沒有盡全力，至少沒有一整年都在努力。我不能忍受我在未竟全功之前離開公司，我必須再給自己一年時間，但這次我一定要使出全力。

**二〇〇五年。**雖然起步晚了點，但我為自己訂了一個幾乎兩倍於我的最佳業績的目標。我害怕，但意志堅定。我並且決定，我有義務寫一本書和世人分享我的故事。我三百六十五天全年無休，銷售、寫作，以二十五年來前所未見的紀律要求自己。熱情驅使我去做我以前不曾做過的事：離開我的平庸領域的舒適圈——我的整個人生都在這裡面運作——冒險進入一個非凡的天地。這一年年底，我達成了我的兩項目標，不僅我的銷售業績倍增，而且完成了我的第一本著作。這是必然的：當你下決心時，任何事都有可能成功。

**二〇〇六年春。**我的第一本書《撞出生命的火花！》（Taking Life Head On: How to Love the Life You Have While You Create the Life of Your Dreams）在亞馬遜網路書店暢銷書榜上名列第七。接著，意想不到的事發生了，我的出版商居然帶著我的暢銷書的所有版稅潛逃出境，從此銷聲匿跡。我的父母手足無措，但我沒有。假如我從我的車禍意外學會什麼，那就是把心思都放在我們無法改變的事物上或為此憂心忡忡是毫無意義的，所以我不會這麼做。我同時學會，把心專注在從挑戰中學習，以及如何利用它協助他人提升生命價值，我們便能將任何逆境轉為正向。我就是這麼做。

**二〇〇六年。**一位四十多歲的財經顧問要求我指導他，我答應了，於是我在完全不了解這個行業的情況下，意外地成為一個指導人生與事業邁向成功的「成功教練」。我很有興趣。我的第一個客戶在他的人生與事業方面都有顯著的進步，我自己也熱愛幫助他人、指導他們。年方二十六歲的我，想成為一個成功的專業教練的機率幾乎微乎其微，但因它符合我的人生目標，我便勇往直前。我於是展開教練生涯，陸續指導了數以百計的創業家、銷售人員以及企業主。

不久之後，我接到一場給付酬勞的演說邀請，在「美國男孩女孩俱樂部」（Boys and Girls Clubs of America）全國大會上發表演說。雖然我早在一九九八年迄今已經對不少以行銷人員、經理人及主管為主的商界人士發表無數演說，但我決定這次演講我要以刺蝟頭（比較年輕的打扮）和「哈哥」的暱稱與觀眾見面，給這些年輕人留下深刻的印象。從此我開始在各地的中學與大學演講，分享我的故事。

**二〇〇七年。**這一年我的生活土崩瓦解。美國經濟衰退，一夜之間，我的收入減半，我的客戶付不出教練費用，我無力繳付帳單，包括我的房屋貸款。我負債四十二萬五千美元，身心俱疲。心理、生理、情緒、財務——各方面都跌到谷底。我這輩子還沒有感受過如此絕望、不知所措與意志消沉。我再度在如何重整我的人生、為難以解決的問題絞盡腦汁尋找答案中迷失自我。我閱讀自救書籍，參加座談會，甚至聘請一位教練，但都沒有效果。

**二〇〇八年。**這一年我的生命開始有了轉機。我終於向一位好友坦承我的問題有多麼嚴重（我一直隱瞞到這個時候）。他問我：你有在運動嗎？我回答：我早上起不了床，所以，沒有運動。「那開始跑步吧，」他說，「運動會讓你的精神好一點，思路清晰一點。」噢，我討厭跑步。但我已無計可施，只好勉強接納他的意見去跑步。這次跑步的體悟成為我的生命轉捩點（詳見第二章：「創造早晨奇蹟」來自於絕望），它啟發我去培養個人成長的日常習慣，希望能把自己培養成一個可以解決各種問題的人來扭轉我的人生。不可思議地，它居然產生作用了。我的生活各方面迅速轉變，我稱它為我的

「創造早晨奇蹟」。

**二〇〇八年秋**。我持續研發我的「創造早晨奇蹟」，試驗各種不同的個人成長練習與睡眠的時間表，並針對「我們到底真正需要多少睡眠」這個問題展開研究。我的發現粉碎了許多人執著的模式與觀念，包括我自己。我為我的研究結果感到興奮，便將它分享給我指導的客戶，他們也都很喜歡。然後他們再間接告訴他們的朋友、家人及同事，想不到我竟開始在臉書與推特上看到我不認識的人發表文章大談他們的「創造早晨奇蹟」（容後詳述）。

**二〇〇九年**。這一年無疑是我最幸運的一年！我把我夢想中的女人娶回家了。我們懷孕，生了一個女兒。（我可以說「我們」嗎，還是這只是她一個人的事？）我的教練事業欣欣向榮，排隊等候的顧客名單有一大串。我展開我的演講生涯，在中學、大學、公司及非營利組織會議上發表專題演說。「創造早晨奇蹟」如野火般迅速蔓延，我每天都接到許多人寄來的電子郵件，告訴我它如何改變他們的人生。我知道我有責任與世人分享它的好處，而將它寫成一本書是最好的方式。於是我又慢慢開始提筆。別搞錯，我仍然不是作家，但我下定決心去做這件事。誠如我的好友羅馬修・傅喬所說：「只要你下定決心……總會有辦法。」

**二〇一二年**。你此刻拿在手上的這本書，這本花了我三年多時間才完成的《上班前的關鍵1小時》終於出版了。當它迅速成為亞馬遜網路書店暢銷書排行榜上的第一名時，我非常震驚，而且還只是出版後的第一年就成為亞馬遜史上評價最高的書籍之一

（截至目前已超過五百篇評論，平均四點七顆星）。更重要的是，評論的內容都是真實的，人們的生命改變了，而且遍及各種類型的人——從家庭主婦到企業公司的執行長，《上班前的關鍵1小時》都能賦予人們改善他們生活的任一方面，或全部。

## 迎接你的人生

我對你分享我的故事是為了證明，無論你現在正處於人生中的什麼階段，或你所面臨的挑戰有多麼艱困，你都能克服它並達成你的目標。假如我能從死去又被救活、被告知我永遠再也無法走路、因為破產與憂鬱導致我不想起床創造我想要的人生這種困境中繼續勇往直前，你更沒有理由不去克服任何使你裹足不前、阻止你實現人生夢想的自我限制。不。沒有。沒這回事。

別人能克服任何困難——我指的是任何困難——實現夢想，就證明我們也能克服任何困難或實現我們的夢想，無論我們過去或現在的處境如何。我認為具備這種認知至為重要。你必須先為你的人生各方面負起全責，然後不去怪罪任何人。你為你的人生各方面負起多少責任，你去改變或創造你的人生各方面的力量就有多少。

我們必須了解，責任和歸咎不一樣。歸咎是認定誰做錯事，但責任是認定誰下決心改善。回想我的車禍，雖然酒醉的貨車司機做錯事釀成大禍，但我有責任改善我的人生——創造我想要的現實。它和誰有沒有錯其實沒有關係——重要的是你和我都決心讓過去成為過去，讓我們的人生成為我們想要的人生，而且就從今天開始。

## 這是「你的」時間，這是「你的」故事

你要知道無論你目前正面臨什麼處境，它都是暫時的，也是必然的。你已走到你必須學習的這一步，讓自己成為能創造你真正想要的人生的那個人。即便生命困頓又充滿挑戰——尤其是當生命困頓又充滿挑戰時——當下永遠是一個讓我們去學習、成長、成為一個比以前更好的人的契機。

你正在書寫你的生命故事，如果沒有一個男英雄或女英雄去克服他們自己的挑戰，就不算是一個精采的故事。事實上，挑戰越艱難，故事就越精采。那麼，既然沒有任何規定、也沒有任何約束去限制你的故事發展，你要如何書寫你的下一章？

好消息是，你有能力去改變——或創造——你的人生，而且就從現在開始。我不是說你不必努力，但你可以把自己培養成一個有能力的人，快速而輕鬆地創造你想要的人生。這是本書的宗旨——協助你成為能創造出你這一生想要的一切的那個人，而且無可限量。

## 拿起筆來

在你繼續閱讀下去之前，請你拿出一枝筆，在這本書上寫字。你一邊閱讀，一邊標出你可能會想再回頭溫習的地方。畫線、打圈圈、用色筆註記、摺角，或在空白的地

方寫上心得，這樣當你再回頭溫習時，就能迅速找到那些最重要的心得、觀念與策略。

我自己以前不太喜歡這麼做，因為我有一點潔癖，喜歡我的東西保持乾淨整潔，後來我發現我必須克服這一點，因為這樣一本書的目的不是要讓它保持原封不動，而是要最大限度地汲取它的價值。現在我會在我的每一本書上做記號，這樣我才能在任何時刻想溫習時就快速找出所有關鍵點，不需要再從頭找起。

好，你拿到筆了，咱們這就出發吧！攸關你人生的下一章即將展開……

第一章

# 覺醒與充分發揮潛力的時候到了

「人生太短促」這句話幾乎已經成為老生常談，但這是千真萬確的。你沒有多餘的時間浪費在不快樂與庸庸碌碌度日上，那不但毫無意義，而且令人感到痛苦。

——賽斯・高汀（Seth Godin）

如果你想帶著滿足感上床睡覺，每天早晨就必須以堅定的決心起床。

——喬治・洛里默（George Lorimer）

為什麼嬰兒誕生時我們常說他們是「生命的奇蹟」，卻又容許我們自己平庸地過一生？這一路上，我們從什麼地方開始看不到我們的生命奇蹟？

當你出生時，每個人都會信誓旦旦對你說：「等你長大，你一定會去做、會擁有、會實現你想要的一切。」現在你長大了，你真的在做、在擁有、在實現你想要的一切嗎？還是你已在半路上重新定義你想要的「一切」，對一點點成果就感到滿足？

我最近讀到一則令人警惕的統計數字：美國人平均體重超出二十磅，平均負債一萬美元，有一點憂鬱，不喜歡他或她自己的工作，而且沒有親密的朋友。就算這個統計數字只有一丁點真實，美國人也該覺悟了。

那麼你呢？你有將你的潛力發揮到極致，創造你真正想要的成就嗎——在你的人生各方面？抑或在某些方面，你已習慣於得不到你真正想要的？你是那種習慣於未竟全力，又為它找種種藉口的人嗎？還是你準備擺脫現狀，開始過最好的人生——你知道，就是你夢想的人生？

## 創造你的「滿級分」人生

我最喜歡歐普拉說過的一句震撼人心的話。她說：「你這一生最大的冒險就是去過你夢想的人生。」我再同意不過。可惜的是，極少人能擁有他們夢想的人生，使這句話淪為空談。大部分人都甘於平凡，被動地接受他們的命運。甚至一些成功人士，他們在某方面有高度成就——例如商業方面——但他們卻在另一方面——例如他們的健康與關係——安於一般。誠如暢銷作家賽斯・高汀鏗鏘有聲地說：「平均和平凡有差別嗎？差別不大。」

你不能因為大多數人都這樣，所以你也只好在任何方面甘於平凡。即便這大多數人包括你的朋友、家人和同事，你仍然可以成為在人生各方面都同時獲得高度成就的少數人之一。快樂、健康、財富、自由、成功、愛。你真的可以同時擁有全部。

假如我們在天秤上將我們生命中任何方面的成果、滿意度、成就感劃分為十個等級，我們都會想要「滿分」第十級吧？我從未見過任何人說：「不，我只要七分健康就好，我不要太健康，也不要太有活力。」或者，「你知道，我的夫妻關係只要有五分就夠了，我不在乎和我的另一半吵架，也不在乎我的需求不能得到滿足，更不希望我們成為令人眼紅的恩愛夫妻。」

你即將發現的是，人生各方面都獲得滿分成就不但可能，而且容易。你只要每天有目的地拿出一點時間，讓自己成為一個有能力創造、吸引、實現及維持各方面都是滿分成就的人就可以了。

如果我告訴你，這一切的起點在於你每天早晨如何起床，只要做幾個你今天就可以開始做的簡單步驟，就能使你成為能創造你真正想要並值得擁有的滿分成就——人生中的每一方面——的那個人呢？你會很興奮嗎？你會相信我嗎？有些人不會。太多人身心俱疲，他們在大太陽底下為他們的生活、為他們的人際關係忙碌奔波，卻仍然不得其所。我了解。我經歷過。但後來我逐漸學會一些能改變一切的東西，現在我要對你伸出援手，請你邁開腳步走到另一邊，那裡不但有美好的人生，而且方法簡單得超乎我們想像。

## 本書的三個重點

● 你和世上其他任何人一樣，值得、應該，並且有能力在你的人生中創造並維持健康、財富、快樂、愛及成功等卓越的成就。你開始過朝這個目標前進的生活至為重要。而且，你不但要改善你自己的生活品質，你還要去影響你的家人、朋友、客戶、同事、子女、社區，以及日常生活中接觸的每一個人。

● 為了不再勉強接受較低的成就——無論生命中的任何方面——為了達到你渴望的那個人、那個職業及財務的成功度，首先你必須把每一天的時間用來培養自己成為你必須成為的那個人——一個條件俱足，能持續不斷吸引、創造與維持你想要的成就的那個人。

● 你每天如何醒來，以及你的晨間作息（或者完全沒有），大大影響你人生中各方面的成功度。有專注、有效益、有成果的早晨，才會有專注、有效率、有成功的一天，最後創造出一個成功的人生。同樣的，有懶散、缺乏效益、普普通通度過的早晨，就會有散漫、缺乏效益、普普通通度過的一天，最後普普通通過完這一生。僅僅改變你每天早晨的生活方式，就能轉化你的人生各方面，而且快得超乎你的想像。

## 可是哈爾，我不是個「早起的鳥」

如果你已嘗試過想早一點起床卻辦不到呢？

「我不是個早起的鳥。」你說。

「我是個夜貓子。」

「時間不夠用。」

「何況，我需要的是多一點睡眠，不是少一點！」

在撰寫《上班前的關鍵1小時》之前，我也是這種人。假如你讀了本書開頭第一頁，你會發現一些高成就的人——帕特．弗林和德馬科，以及現在都在實踐「創造早晨奇蹟」的那些人——都一樣。無論你過去的經驗如何——即便你這輩子都沒辦法在早上起床做事——情況都即將改變。

《上班前的關鍵1小時》已證實可以改變每個人的生活方式（我會在第八章〈量身打造你的「創造早晨奇蹟」〉中協助你）。這些新手「早鳥」——從企業家、業務員、公司老闆，到學校老師、房地產仲介、家庭主婦、中學生與大專生等——都對他們的明顯改變感到興奮，許多人甚至側錄他們的成果上傳到YouTube，並在臉書與推特上發布，分享給他們的朋友。

讀過本書開頭的〈成功故事與成效〉，你就會明白它的神奇功效。你會看到實際成果，例如：「我的生命改變了，而且速度快得我幾乎趕不上腳步！……我的事業本來很不如意，但經過我每天努力改變自己，終於扭轉過來了！」以及，「我實踐『創造早晨奇蹟』已經七十九天了，打從第一天開始到現在，沒有一天中斷過。老實說，這是我在決定做一件事之後，第一次持之以恆地連續做了幾天或幾個星期！」甚至，「我修習『創造早晨奇蹟』已經有十個月了，從那以後我的收入倍增，生活稱心如意。」還有我最喜歡的一則：「自從開始修習『創造早晨奇蹟』之後，我減輕了二十五磅。」收入增加、生活品質改善、更有規律、壓力減少，甚至減輕體重——這些你都能做到。

下一章，我要帶你去看我如何利用「創造早晨奇蹟」度過我生命中的最低潮——事業失敗、個人負債四十二萬五千美元、重度憂鬱、健康狀況極差——到後來創辦多項成功的事業、收入倍增、債務全數還清，並實現我的夢想，成為一個世界級的主題演說家，著名的暢銷書《心靈雞湯》系列特別報導我的故事，全國各地的電臺與電視節目爭相訪問我，我甚至完成一項五十二哩的超級馬拉松壯舉，身、心兩方面都達到顛峰，而這一切都在不到一年的時間之內達成。你還會發現一些保證讓你成功的「不太明顯的秘密」。

「創造早晨奇蹟」不但簡單、討喜，而且你很快就能上手，一輩子做下去。而且，雖然你仍然可以隨心所欲地睡懶覺，但你會驚訝地發現，你不會想再睡懶覺了。我數不清有多少人告訴我，他們現在都很早起床——甚至週末——因為他們覺得自己更健康了，而且能做更多事。

修習「創造早晨奇蹟」的人，常把每一天比喻為他們小時候在耶誕節早晨醒來時那種雀躍的美好感覺！如果你不慶祝耶誕節，那麼你可以回憶過去那些醒來時心中充滿興奮的日子——也許是你的開學第一天，你的生日，或者去度假那一天，想像每天都這麼開心地展開這一天。

下面列舉一些最常見、但對你有絕大利益的優點：

- 每天醒來更有活力，並有周密的安排與策略去充分發揮你的潛力。
- 減少你的壓力。
- 使你腦筋更清楚，能快速克服令你裹足不前的挑戰、逆境，或侷限你的信念。
- 促進你的整體健康、減輕體重（需要的話），使你的體能維持在最佳狀態。
- 提升工作效率，使你得以將全副精神都集中在當務之急。
- 體會到更多的感恩並減少憂慮。
- 大幅度增強你賺錢與吸引財富的能力。
- 找到你的人生目標，開始過邁向你的人生目標的生活。
- 不再勉強接受無法實現你想要與值得要的生活（人生中的各方面）的事實，開始過朝你所能想像最遠大的夢想邁進的生活。

我知道我在說大話，聽起來像在「大力宣傳」或過度承諾——好得不像是真的，對吧？——但我向你保證，這一點也不誇張。「創造早晨奇蹟」每天都會給你不受干擾的時間，讓你成為改善人生各方面的那個人。

我還要送你一帖挽救你的人生的救命藥方——六種強效的修習方法，它們組合起來就是「創造早晨奇蹟」，保證將你從錯失值得擁有的卓越人生中拯救出來——根據統計，很遺憾地，我們的社會有百分之九十五的大眾不曾體驗到他們值得擁有的人生（詳見第三章〈百分之九十五的事實檢驗〉）。有了你的加入，相信我們定能扭轉這個統計數字。

最後，你要準備迎接「創造早晨奇蹟」——三十天轉化生命的挑戰了。它能幫助你培養與鞏固不可或缺的習慣，協助你獲得你渴望並值得擁有的人生各方面的成就。絕對不要忘記你成為什麼樣的人，是你現在與將來的生活品質的一個最重要的決定因素。

無論你現在認為自己是不是一個「早起的鳥」，你都要學習如何使每一天比過去更容易起床。早起和卓越的成就有密不可分的關係，你會發現你如何利用每天的第一個小時，是你充分發揮潛力創造你想要的成功的關鍵。你很快就會發現，當你改變每天晨起的作息時，你就是在改變你的人生。

第二章

# 「創造早晨奇蹟」來自於絕望

絕望是促使你徹底改變的原料。只有那些能捨棄舊信念的人才有希望得到解脫。

——威廉・柏洛茲（William S. Burroughs）

想大幅度改變生命，要嘛需要策勵，要嘛需要絕望。

——安東尼・羅賓斯（Anthony Robbins）

我很幸運，在我過去短短的人生中，碰到兩次你可能會稱之為「跌到谷底」的嚴重打擊。我說幸運，是因為我學到了教訓——在我生命中最艱困的時候——而成長。它們使我得以成為我想成為的那個人，去創造我一直想要的人生。我很感激我能利用我的成功與失敗去幫助別人，使他們也能克服他們的自我設限，得到超乎他們所能想像的成就。

## 第一次跌到谷底：重大車禍，失去生命跡象

前面說過，我的第一次跌到谷底差點成為我的最後一次。那年我二十歲，被一名醉酒的貨車司機迎面撞上，因傷勢過重，當場失去生命跡象。（我已在本書前言中詳述

我如何從似乎難以克服的困境中死裡逃生，並在我的第一本著作《撞出生命的火花！》中詳述八項能立即改善生活品質的學習心得。）

## 第二次跌到谷底：負債累累，重度憂鬱

我第二次墜入絕望的深淵，比第一次重大車禍生命垂危更難忍耐。

那是二〇〇七年，美國面臨一九三〇年代大蕭條迄今最嚴重的經濟衰退。我從重大車禍僥倖生還後那幾年，雖然又恢復傲人的行銷紀錄而被列入公司的名人堂，展開六位數字的成功教練事業，同時完成一本著作，但我依然遭遇嚴苛的挑戰。這一次是心理上、情緒上與財務上的徹底崩潰。

那時我創辦的成功企業幾乎一夜之間變得無利可圖。我每個月的收入頓時減少一半以上，以致無法立即繳付帳款。我才剛買下我的第一棟房屋，我已訂婚、準備結婚，我們正計畫生第一個孩子。但此時的我債臺高築，付不出房屋貸款，有生以來第一次，我陷入重度憂鬱。

我跌到人生中的谷底，情況還會更糟嗎？有可能。這是我最困頓的時刻嗎？毫無疑問。我確實跌到了谷底。

## 為何負債比橫死更慘

如果問我車禍和財務困境哪一個更慘，我會毫不猶豫告訴你，後者更慘。大部分人會認為被酒醉司機開車撞上，全身十一處骨折，部分腦部永久受損，失去生命跡象長達六分鐘，從昏迷中醒來又被告知永遠再也不能走路，的確是難以接受的事實。因嚴重車禍導致身體、心靈、情緒上的痛苦是任何人一生中的最低潮，這是一種合理的假設，然而，我不是。

因為，車禍後有人照顧我。在醫院，我的家人守在我的病床旁寸步不離。經常有訪客來探視我——朋友與家人每天都來看我，帶給我滿滿的愛與支持。一群了不起的醫生和護士悉心照料我，協助我復健。我的三餐有人為我準備好送到面前。我每天都沒有必須上班、繳納帳款的壓力。住院的生活十分愜意。

但第二次就不是這麼回事了。沒有人為我難過，沒有人探望我，沒有人關心我的醫療與復健，沒有人為我準備三餐。這一次我要完全靠我自己。人人都有他們自己要解決的問題。

我的生活各方面如同骨牌效應般接二連三發生問題。我的身體、心理、情緒、財務——舉凡你說得出來的地方——都一團糟。

我的內心充滿恐懼與徬徨，以致我每天唯一能找到的慰藉是賴在我的床上。說來可悲，幫助我度過每一天的，是知道我可以爬上床暫時逃避問題所得到的一點慰藉。我的腦中每天徘徊著自殺的念頭，雖然我不知道我會不會真的去自殺，但一想到結束自己的生命將會使我的父母多麼傷心，就足以使我打消這個念頭勇往直前。我內心深處知道無論人生多麼坎坷，總有辦法扭轉過來。但知道歸知道，我卻想不出辦法來解決我的財務危機。我也想不出有什麼方法能抒解我的痛苦情緒。

## 改變一生的早晨

然後，一天早晨，一切都改變了。我醒來後和過去幾週一樣心情沮喪，但這天早上我做了一件不一樣的事。我接受一個朋友的建議出去跑步，讓我的腦袋清醒一點。別搞錯，我不是個喜愛跑步的人，事實上，我唯一最瞧不起的就是為了跑步而跑步。但我的好友喬恩・勃霍夫（Jon Berghoff）告訴我，每當他感到有壓力或不知所措時，跑步能讓他的思路更清晰、振作精神，幫助他想出解決問題的辦法。

我告訴喬恩：「我討厭跑步。」他毫不遲疑回答：「你更討厭哪一個，跑步……還是你目前的生活狀況？」我無計可施，反正沒什麼損失，便決定跑一次試試看。

那天早上，我穿上我的耐吉喬丹氣墊籃球鞋（我說過我不跑步），抓起我的iPod，這樣我才能聽一點正向的鼓勵，然後走出不久之後就會被銀行查封的房屋。我沒想到，這次跑步竟是影響我最劇烈、最深遠的改變人生的突破之一。它立即改變了我的整個人生方向。

我一面跑步一面聽吉姆・羅恩（Jim Rohn）的個人成長錄音。他說了一段話，儘管這些話我以前也聽過，但始終沒有真正聽進去。你知道，有時你會一遍又一遍聽某個東西，但卻沒有真正入心，然後有一天它猛然撥動你的心弦？你要在對的心理狀態下才會恍然大悟？好，那天早上我就是在這種對的心理狀態——一種絕望的心態——然後我恍然大悟了。當我聽到吉姆鏗鏘有力地說：「你的成功水平不可能超越你的個人成長水平，因為你要先成為那種人才會有那種成就。」時，我立刻停下腳步，這句哲理將改變我的整個人生。

## 平行的成就

我忽然茅塞頓開！它就像一陣現實的巨浪對著我迎面撲來，我當下大徹大悟，我一直沒有把自己培養成能夠吸引、創造、維持我想要的成功水平的那個人。在一到十分的成功天秤上我想要十分，但我的個人成長卻只有大約二分——狀況好的時候也許勉強有個三分或四分。

我明白這是我們大家的通病。我們在人生各方面——健康、快樂、財富、關係、事業、心靈，隨你列舉——都想要十分的成果，但假如我們任何一方的個人成長（知識、經驗、心態、信念等各方面）達不到十分，成果就會得到得很辛苦。

我們的外境往往是我們內心的寫照。我們的成功水平和我們的個人成長水平通常是平行的。在我們每一天都刻意找出時間來自我成長，把自己培養成能夠創造出我們想要的人生的那個人之前，我們很難獲得成功。

我立刻跑回家，我要改變我的人生。

## 第一個挑戰：找出時間

我知道想要解決我的所有問題，首先就是必須把我的個人成長列為日常生活的第一優先，這是使我成為能持續吸引、創造、維持我所希望的成功水平的那個人所欠缺的一環。很簡單。

但我所面臨的挑戰和任何人一樣：找出時間。我要想辦法維持我的生活和清償債務已經夠忙的了，還要找出「多餘」時間讓個人成長幾乎是不可能的事。或許你能體會？

但我很欣賞作家馬修・凱利（Matthew Kelly）在他的暢銷書《生命的律動》（The Rhythm of Life）中所說：「一方面，我們都想要快樂，另一方面，我們都知道做什麼事能讓我們得到快樂，但我們卻不去做那些事，為什麼？因為我們太忙，忙著做什麼？忙著想辦法讓自己快樂。」

於是我拿出我的筆記本，坐在沙發上，為我每天的個人成長開始找時間——擠出時間。我考慮了幾個選項：

## 晚上行不行？

我第一個念頭是也許可以在晚上找出時間，下班後，或者深夜，未婚妻熟睡之後。但我發現晚上是我一天當中唯一可以和她相處的時段。深夜更別提了，這時候我通常已累得很難集中注意力。老實說，這時候我幾乎腦筋不清楚了，更別提個人成長的「最佳」心態。晚上不是最佳時段。

## 那麼下午呢？

也許可以排在下午？午餐休息時間，或者隨便找出一點「額外的」時間。結果這個額外時間始終沒有出現，一天就這樣過去了。

## 拜託，不能在早上！

然後，我想到早上——但我內心很排斥。說我不是個「早起的鳥」還是低估了我，坦白說，我最怕早上起床，特別是早起，幾乎和叫我跑步一樣讓我厭惡。但我越思考，就越明白幾件事。

首先，承諾在早晨進行個人成長，等於給我一個展開一天的正向動機，我可以在早晨學一些新東西。我可能會更有精神、更專注，更有活力度過這一天。我記得我曾在史帝夫・帕夫林納的網頁（www.stevepavlina.com）上讀過一篇文章，標題是〈一天的方向舵〉（The Rudder of the Day），版主史帝夫同時也是《聰明人的個人成長》（Personal Development for Smart People）這本書的作者。他在文中說：「據說每天起床後的第一個小時是這一天的方向舵，假如我醒來後第一個小時懶洋洋或十分散漫，這一天也會懶洋洋與散漫無章。但假如我振作精神，讓第一個小時的行動變得很有效率，接下來這一整天也會一樣有效率。」

更何況，如果在早晨培養個人成長，這一天就不會有任何藉口了（我累了、我沒時間等等）。如果我在早晨進行，沒有其他生活雜務和工作的阻礙，我就能保證每天都做。

最後，我實在真的找不出更好的時段了。每天早晨第一件事進行個人成長訓練看起來是個最有利的選項，但每天早晨六點起床——不得不如此——對我而言已經很困難，叫我五點起床幾乎是不可能的事。想到這裡，我沮喪得想闔上我的筆記本，把這件事拋到腦後，這時我的腦中忽然響起我的良師益友凱文・布萊西（Kevin Bracy）的聲音。凱文常說：「如果你想改變你的人生，你就必須先改變你的行為！」

要命，我知道凱文是對的，但要叫我早起並不容易。不過，我因為已對自己承諾要改變，便決定克服長久以來畫地自限認為我不是個早起的鳥的信念，並在我的時間表寫下明天早上我要五點起床，展開我的個人成長訓練。

## 第二個挑戰：做最能影響你的事

接著我遇到另一個難題——我這一個小時要做什麼最能影響我，並且最快速改善我的生活的事？我可以閱讀，但我平常就有在閱讀，這次我想來點特別的。我可以運動，但同樣的，這對我的激勵不大。於是我拿出一張空白紙，寫下我在過去幾年學習、但始終沒有好好執行——至少沒有持之以恆——的改變生命的個人成長項目，例如：靜心、肯定、書寫、觀想，以及閱讀和運動。

我選出這六種我認為能最快速、最能影響我生命的修習項目，每一種各分配十分鐘，打算明天早晨將它們都試一試。有趣的是，單單看著這張清單就讓我感到充滿動力！提早起床的念頭忽然從先前的令人卻步，變成越來越有吸引力。那天晚上，我幾乎無法入睡，我太期待第二天早晨到來，竟興奮得睡不著覺！

次日一早五點鬧鐘響了，我立刻睜開眼睛跳下床，感到活力充沛、精神抖擻！它一點也不費力，而且欣喜莫名，讓我想起小時候在耶誕節早晨醒來的那種感覺。我這輩子還沒有體驗過比小時候的耶誕節早晨更容易醒來、更充滿活力、一整天都精神奕奕……直到今天。

## 轉變一生的早晨

刷過牙、洗過臉、手上拿著一杯水，五點三十分我在我的客廳沙發坐下，長期以來頭一次對我的人生真正感到興奮。外面天色仍是暗的，這帶給我很大的信心。我拿出過去幾年就知道、但從未執行的改變人生的個人成長項目清單，一項接一項實地去做。

**靜心（Silence）**。安靜地坐著，禱告、冥想，專注呼吸十分鐘。我感覺我的壓力消失了，全身有一種寧靜的感覺，心也安定了。這和我平時紛亂匆忙的早晨迥然不同，長期以來我頭一次有了平和的感覺。

**閱讀（Reading）**。我常找種種藉口為自己沒有時間閱讀脫罪，但我很高興這天早晨總算找出拖延已久的時間，並期待它能成為一個長久的習慣。我從書架上取下拿破崙・希爾（Napoleon Hill）的經典名著《思考致富》（Think and Grow Rich）。和其他許多書籍一樣，我也一直沒能把它讀完。我讀了十分鐘，欣喜地挑出幾個當天可以用得上的概念。它提醒我，只要一個想法就能改變你的人生。我得到莫大的鼓舞。

**肯定（Affirmation）**。以前我不曾利用自我肯定的力量，這回我終於把《思考致富》裡面所說的自信與自我肯定大聲朗誦出來，感到有一股不可思議的力量。自我肯定可以強力地提醒我——以及我們每一個人——具有無可限量的潛力。我決定寫下對我自己的肯定。我列出我想要的成就、我想成為怎樣的人，以及我想如何改變我的人生。我感到充滿信心。

**觀想（Visualization）**。我取下掛在牆上的願景板（Vision Board），那是有一次我看了電影版《秘密》後回家如法炮製的，但我很少去看它，更別提把它當作觀想的工具。這天早晨，我凝神注視上面的圖像，一個圖像接一個圖像，在每個圖像上都停留一下，然後閉上眼睛，用我的每一個細胞纖維去感受：假如每一個圖像都在我的生命中實現，那會是怎樣的情景。我感到無比的振奮。

**寫日記（Journaling）**。接下來，我打開過去幾年購買的許多日記簿中的一本。和其他日記簿一樣，這本也是寫了幾天——最多一個星期——就沒有再繼續寫下去了。這一天，我寫下我對我的人生的感恩，想不到我的憂鬱幾乎立刻減輕了——它原本像一層濃霧一直重重地壓在我身上——它沒有消失，但它減輕了。寫出我感恩的事項這樣一個小動作就提振了我的士氣，我很感激。

**運動（Exercise）**。最後，我從沙發站起來，想到東尼・羅賓斯（Tony Robbins）曾說過許多次：「運動影響情緒。」我趴下去做伏地挺身，直到做不動為止。接著我翻身躺下，在我走樣的腹肌許可範圍內盡可能多做幾次仰臥起坐。再過六分鐘鬧鐘就要響了，我將我的未婚妻的瑜伽光碟放進播放器，愉快地跟著做了六分鐘瑜伽。果然覺得充滿活力。

這真是太不可思議了！我體驗到我一生中最奇妙的平和、激勵、自信、啟迪、感恩與活力，而這時候才不過早晨六點多！

## 簡直是奇蹟

後來幾個星期我持續每天清晨五點起床，並按照我的六十分鐘個人成長項目去做。然後，我因為對我的早晨作息帶給我的愉悅與成果感到不可思議，竟然想增加時間！因此，一天晚上準備就寢時，我做了一件當時想都沒想的事；我把鬧鐘撥到四點。那天晚上入睡時，我心想我是不是瘋了。

想不到，清晨四點起床和五點起床一樣容易。而且無論在四點或五點起床都比我過去——當我抗拒早起時——任何時間起床更容易十倍以上。

我的壓力水平大幅下降，我變得更有精神，腦筋更清楚，也更能專注。我感受到真正的快樂、進取和激勵。抑鬱的思想已成遙遠的記憶，你可以說我又恢復昔日的我，但我體驗到如此多快速的成長，短時間內便超越過去任何一個版本的我。同時在我新發現的能量、動力、清晰度與專注的水平上，我很容易就能設定目標、訂策略、執行計畫，來拯救我的事業和增加我的收入。結果，在我第一次展開「創造早晨奇蹟」之後不到兩個月，我的收入不但恢復到財務崩潰以前的水平，甚至有增無減。

我明白我終究要跟我指導的客戶分享這個威力強大的晨起個人成長習慣，因此我必須為它取個名稱。想到我所體驗的轉變是如此巨大與快速——不到兩個月就從破產與憂鬱邊緣，大逆轉為財務穩定、對人生充滿希望——它讓我感覺簡直像個奇蹟，因此我為它取了一個再恰當不過的名稱：創造早晨奇蹟。

## 呵！如果凱蒂可以……

幾個星期之後，我正在指導凱蒂，她問我：「哈爾，你早上都先做什麼事？」我笑咪咪地告訴她「創造早晨奇蹟」和比平常提早一個鐘頭起床的好處。但她抗拒：「我想我大概不會那麼早起床，哈爾，相信我，我不是個早起的鳥！」

但凱蒂是個有風度的人，她允諾在早上六點起床——比平常提早一個鐘頭——試做「創造早晨奇蹟」。我鼓勵她，並祝她好運。

過了一個星期，又到了教練時間，凱蒂非常興奮！我問她有沒有每天早晨六點起床修習「創造早晨奇蹟」，卻聽到出人意料的回答：「沒，我第一天六點起床，不過你說得對——我那天早晨因為太愉快了，就想再更早一點起床，所以後來那幾天我每天都五點起床！哈爾，它太神奇了！」

哇！我一定要把這件事轉述給我的其他客戶聽。

短短幾週，我的十幾位客戶都陸續和我分享他們對創造早晨奇蹟的體驗。有些客戶又輾轉告訴他們的朋友和同事「創造早晨奇蹟」如何改變他們的人生。這樣一傳十、十傳百，「創造早晨奇蹟」如同野火般在網路上迅速傳開來。人們開始在臉書貼文，在推特推文，甚至驕傲地將他們每天一早起來如何進行「創造早晨奇蹟」錄製成影帶上傳到YouTube。

想不到吧？

## 這個喬伊是何許人？

我開始明白「創造早晨奇蹟」的確不同凡響。有一天我上YouTube網站，想找我自己的視訊，便在搜尋框內打上我的名字（噯，別說我——你不也曾經在Google上搜尋你自己）。

一則標題為〈喬伊的創造早晨奇蹟〉的視訊立刻跳出來，是一個我素未謀面的人。我的第一個反應是：「這個喬伊是何許人，他憑什麼以為他可以抄襲我的『創造早晨奇蹟』？」我立刻起了防衛心——不是很寬宏大量。我不知道該作何想。但是，我的天，接下來我卻大大的驚喜並感到愧不敢當。

我按下播放鍵，看到：「哈囉，我是你的朋友喬伊・狄奧沙納，現在看一下時間……」（喬伊亮出他的鬧鐘，指出上午五點四十一分。）「現在是星期天早上五點四十一分。你一定會想，『喬伊，老兄，你在星期日一大早五點四十一分起床做啥？』喏，建議你到「創造早晨奇蹟」網站（www.miraclemorning.com）上看一下。這就是「創造早晨奇蹟」網站，看看它的資訊，把它下載到你的電腦上。老實說，我自己覺得像在過耶誕節，精神百倍。現在我每天都像在過耶誕節。建議你也上網看看，祝你有個幸福的人生。」（你到TheMiracleMorning.com/SuccessStories/網站真的可以看到喬伊這段聞名遐邇的四十三秒鐘視訊，以及其他許多人的視訊。）

我望著我的電腦螢幕，目瞪口呆，驚訝得不得了，甚至差點掉下淚來。我忽然明白，雖然我從未計畫將「創造早晨奇蹟」擴大成不只是我個人的習慣，但現在我有責任盡可能將它分享出去，使它如同影響我一樣也影響更多人的生命。但那個時候我還不知道它的影響力會有多大。

## 這是一場運動？還是一種覺醒？

自從我告訴凱蒂「創造早晨奇蹟」這回事，以及在YouTube上看到喬伊的視訊後，迄今已過了五個年頭了。在這段期間，有數以千計的人從世界各地傳遞訊息給我，為「創造早晨奇蹟」改善了他們的生命而向我表達他們的感激與熱情。它確實已成為一場普世的運動——一種全球性的覺醒——來自各行各業的人，每一個人都致力於每一天有自覺地醒來，賦予自己個人成長的潛能。如今我已看到更大的願景，藉著「創造早晨奇蹟」，使我們每一個人都成為「自己的夢想必須由自己來創造」的那個人，進而影響全世界，積極改善他人的生命，同時改變我們的世界。

無論你稱它為運動也好，覺醒也好，或者現在有許多人稱之為「創造早晨奇蹟」的使命，它都能藉著喚醒每一天和自我改變，帶來轉化他們的人生、他們的家庭、他們的社區，以及轉化全世界的力量，幾乎每一天都有數百人加入這個使命，並藉著與他人分享而將它傳播出去。我至今仍為許多人因此深受影響而驚嘆不已。

有些人甚至效法喬伊，把他們每天早上實踐「創造早晨奇蹟」的過程錄下來（通常會驕傲地給他們的鬧鐘一個大特寫，證明他們確實真的早起）。

我感到與有榮焉，並感激能有機會將它分享給許多不同能力的人。事實上，「創造早晨奇蹟」現在已成為我所傳達的重要主題之一，我還成立了許多工作室，協助公司行號、非營利組織、業務員、學校老師及中學生和大學生，提高他們的工作效率、動機和表現。無論以專題演講的方式還是工作室，它都是協助個人和組織改善工作成果，同時改善他們在職場上的工作態度的一種新方式。誠如你所想的，「創造早晨奇蹟」最好是在早晨進行，但有時也可以在開會之前做。

## 最後，但不是最不重要

本書是要邀請你開始自我提升，好讓你的成就也隨之提升（因為這是必然的順序）。從現在開始，持之以恆，每天不斷進步，成為那個真正有實力創造出你想擁有、也值得擁有的滿分人生的那個人。成功必然在望。

第三章

# 百分之九十五的事實檢驗

人生最可悲的一件事是到最後一刻才悔不當初，發現原來你可以比過去做得更多，並擁有更多。

——羅賓・夏瑪（Robin Sharma）

人類的故事是男人與女人低估了他們自己的故事。

——亞伯拉罕・馬斯洛（Abraham Maslow）

你、我每天醒來都面臨普世皆同的挑戰：克服平庸，發揮我們最大的潛力。這是人類史上最大的挑戰——擺脫我們的種種藉口，做該做的事，盡我們最大的能力，創造我們真正想要的滿分人生——一個沒有極限、但很少人能辦到的人生。

不幸的是，大部分人連接近這個理想都很難。我們的社會大約有百分之九十五大眾都只能望著他們想要的人生興嘆，但願他們能擁有更多，遺憾地度過每一天，卻始終不明白他們其實可以做得更多，並擁有他們夢想的一切。

據美國社會安全署統計，假如隨機選出一百個人，從他們展開職業生涯開始到四十年後退休為止，長期追蹤他們的人生，所得的調查結果如下：百人中只有一人發跡致富；四個人經濟穩定；五個人會持續工作，但不是因為他們喜歡工作，而是不得不繼續工作；有三十六個人會死亡；五十四個人會破產，仰賴朋友、家人、親屬，及政府接濟他們。

從金錢的角度來說，我們的社會只有百分之五的人能成功創造自由自在的人生，百分之九十五會持續為生存而掙扎奮鬥。

於是一個重要的問題出現了——我們必須加以探討並找出答案——那就是：眼下我們能做什麼才能確保我們不至於掙扎謀生，如同那百分之九十五的大眾？

## 超越平凡，晉級百分之五成功之列

你正在閱讀這本書就證明你準備向你人生中的另一個水平邁進，你不願意和其他多數人一樣，安於比你能擁有的更少、成就更低、做得更少的現狀。

這裡有三個簡單但重要的步驟，可以協助你超越平庸，晉級百分之五的成功之列。

## 第一步：承認百分之九十五的事實檢驗

首先，我們必須了解並承認我們的社會有百分之九十五的人無法創造他們真正想要的人生。我們必須接受這個事實：假如我們現在不下決心改變觀念，過著異於常人的生活，我們就只好勉強接受掙扎、失敗與懊悔的平凡人生——如同一般多數人那樣。我們必須明白，假如我們現在不開始行動，立下一個榜樣，讓我們的朋友、家人及同儕看到：當我們下決心充分發揮潛力時會有怎樣的成果，那麼我們的朋友、家人及同儕也將成為那百分之九十五的凡庸之輩。

滿足於平庸就是安於得不到你真正想要和你有能力獲得的一切，同時安於為你的人生而痛苦掙扎。每一天都有絕大部分的人向平庸妥協，而且幾乎每一個階層都有許多人在掙扎。在身體、心理、情緒、關係、財務——隨你列舉——各方面，絕大多數人每天醒來都是在為創造他們真正渴望的十分成就、快樂、愛、健康與財富而痛苦掙扎。

**請思考下列幾點：**

● **身體**——肥胖是一種流行病，癌症與心臟病這類可能致命的疾病與日俱增。一般人都有過度疲勞現象，體能水平始終低下。大多數人每天似乎都必須喝上幾杯咖啡或提神飲料，否則提不起精神。這類產品大賣證明人們的健康已發生問題。

● **心理與情緒**——每天都有更多處方藥被吃進肚子裡，以對抗憂鬱、焦慮、身心失調症狀，及其他數不清的心理或精神疾病。打開電視，你很難不看到某一種處方藥的廣告，通常是一對面貌姣好的中年夫妻帶著他們的寵物狗在海灘上放風箏，接著一個富有磁性的男性聲音開始溫柔地列舉種種症狀，緊接著說出一連串可能產生的副作用：「你有感到疲倦、悲傷、寂寞、憂鬱、體重過重，或其他任何你願意花錢解決的問題嗎？太好了，你很幸運——XYZ藥能幫助你！警告：本藥物可能產生脹氣、便秘、局部的灼燒感、頭暈、口乾舌燥、頭皮屑增多、失眠、嗜睡，及多種遠比你想改善的症狀更嚴重的其他症狀。所以，切莫遲疑——請立即撥螢幕上的電話號碼給我們！」

●**兩性關係**——大家都知道，離婚在美國是個普遍的現象，有一半的婚姻最後都宣告失敗。換言之，那些在親朋好友面前山盟海誓要廝守終身——容我提醒你，他們還發誓要同甘共苦——的恩愛夫妻，有一半以上在努力維繫他們的婚姻。我有兩位最愛的親人——我的母親和我的父親——在結褵三十多年後，不久前也離婚了。我很能體會個中之苦。

●**財務**——在美國，個人負債的現象已創下歷史新高，大多數人入不敷出，他們支出太多、儲蓄太少，經常手頭拮据。

絕大部分人過著遠低於他們潛在的生活水平已經不是秘密。一旦認識到這一點，我們就該認真探討為何安於平庸的原因。

## 第二步：找出為何平庸的原因

一旦認識到我們的社會有百分之九十五大眾安於過沒有充分發揮潛力、幾乎各方面都面臨窘境、無法體驗到他們真正想要的成功、快樂、自由的水平，接著很重要的下一步就是要去了解為什麼。為了避免這種現象不會發生在你身上，你必須知道什麼原因使這些人最後過著平庸的生活。

如果你問這些美國人——四十歲至五十歲，安於過末竟理想的生活，為了快樂和繳付帳款而痛苦掙扎——如果你問他們，這是不是他們的計畫、他們對人生的願景，你想他們會怎麼說？你覺得他們會夢想過艱難困苦的人生嗎？當然不會！朋友，就是因為這樣才可怕。

如果百分之九十五的社會大眾不能過他們理想的生活，我們就必須思考他們什麼地方做錯了，或者他們有什麼地方沒做對，我們才不至於也一樣過著平庸的生活。

我們不希望每天掙扎度日。我要過自由自在的人生，每天自覺地做我想做的事，和我喜愛的人在一起。我要每天醒來真心愛我的人生。我要愛我的工作，我要愛和我共度一生的人和一起共事的人。這是我對成功的定義。但這種人生不會自己發生，它必須由你去擘劃、創造。如果你想要一個符合你的定義與理想的人生，你就必須找出造成平庸的重要原因，才能避免這些原因奪走你想要的人生。

以下是我認為造成平庸和未能充分發揮潛力的最重要因素——會一直影響你的人生的原因——以及你應該如何破除它們：

## 造成平庸的原因及解決之道

### 後視鏡症候群

造成平凡人生最重要的原因是一種我稱之為後視鏡症候群（Rearview Mirror Syndrome，簡稱RMS）的心態。我們的潛在心理都有一面自我設限的後視鏡，透過這面鏡子，我們會不斷緩解與重建我們的過去。我們誤以為過去的我們就是現在的我們，導致我們根據過去的侷限而限制了我們現在的真正潛力。

結果，我們過濾我們的每一個選擇——從我們早上要幾點鐘醒來，到我們設定什麼目標，以及我們自己思考要過怎樣的人生——無一不是受我們過去的經驗的限制。我們想創造更美好的人生，但有時卻不知道如何用另一種不同於過去的方式去期待它。

研究結果顯示，每一個人平均每天腦中會浮現五萬到六萬個念頭，問題是百分之九十五的念頭都和我們昨天、前天，和大前天所想的一樣，難怪多數人一天又一天、一個月又一個月、一年又一年，過的都是一成不變的生活，永遠無法改變他們的生命品質。

彷彿拎著破舊的包包一樣，我們也把昨天的壓力、恐懼和憂慮帶到今天。當機會出現時，我們立刻檢視我們的後視鏡，評估我們過去的能力。「不行，我以前從未做過這種事，我還不到那個水平，事實上，我失敗過，一次又一次。」

當我們面對困境時，我們會向我們信任的後視鏡尋求指示該如何反應。「是啊，我運氣太好，老是碰到這種倒楣事。我放棄好了；每次碰到太困難的事我都這麼做。」

假如你想超越你的過去與限制，你就不能再繼續過依賴你的後視鏡的生活，你要開始想像一種無限可能的人生，要接受這樣的模式：我的過去不等於我的未來。用一種能激發信心的方式告訴自己，不但任何事都可能實現，同時你要下決心由你自己來實現。你甚至不需要一開始就相信它會實現。事實上，你可能也不會相信。你或許會發現你很不自在，然後抗拒。這些都沒關係，你只要不斷地對自己重複這樣說，你的潛意識自然會開始吸收這個正向的自我肯定（詳細內容請參閱本書第六章〈挽救人生六法〉）。

不要對你想要的人生預設任何不必要的限制。觀想一些更大的願景，確認你想要什麼，然後調整自己的心態，相信藉著每天專注並肯定自我，持續朝你的願景方向去努力直到它成為事實，那麼任何事都可能成功。沒什麼好害怕的，因為你不會失敗——你只會不斷學習、成長，成為比過去更傑出的你。

永遠記住，今天的你是過去的你造成的，但你的未來完全靠你選擇要讓自己成為什麼樣的人，從現在這一刻開始。

## 沒有目的的人生

如果你問一般人，他們的人生目的是什麼，他也許會扮個鬼臉，或回答：「嗄，我不知道欸。」假如我問你呢？你會怎麼回答？一般人都無法明確說出他們的人生目的——驅策他們每天起床去實現他們的人生使命的強烈的「為什麼」。

然而，一般人一天過一天，除了求生存外沒有更高遠的目的。大部分人都只管度過這一天，挑最輕鬆的事做，追求眼前短暫的快樂，逃避任何能有助於他們成長的痛苦或不舒服的事。

我在從事直銷的七年生涯中，儘管多次打破公司紀錄，但七年當中有六年時間不斷在戰鬥和力爭上游，只不過失敗的時候居多。我的績效不能持久，有時業績更差，直到我終於琢磨出克服平庸的奧秘：要過一種有目的的人生。

很榮幸被推舉進入公司的名人堂後，我準備下一步去追求我的夢想，成為作家、演說家及成功教練。但我在公司內部並沒有完全發揮我的潛力。如果這時候離開公司，我的背上一定仍緊緊拴著那隻平庸的潑猴，除非想辦法解決，否則我走到哪裡它就跟到哪裡。

在那之前，我沒有強烈的人生目的促使我就算在不想起床時也能令我早起；就算在我不需要更多錢時也能令我拿起電話打給有潛力的客戶。但在那一刻，我決定我未來十二個月的人生目的是：成為能創造我真正想要的成功、自由與生命品質的那個人。我又將這個目的和我的另一個目的（是的，你可以有一個以上的人生目的）結合，那就是：集合其他十六名業務代表，無私地為他們的生命提升價值。後來連續四十六週，我每週召集他們開會，訓練他們打電話，支持他們達到他們的目標，而且完全免費。

我每天過著和我的兩個人生目的一致的生活——思想、言語都經常自覺地和我的每一個目的保持一致——結果不但我自己在那一年達到個人歷來最好的業績（比之前最好的業績大幅增加百分之九十四），我所領導的業務代表團隊也創下超越公司五十年來任何時期的最佳紀錄。

要想擊敗平庸的肇因，你必須要有人生目的，任何一種符合你的夢想的目的。它可以是任何能和你起共鳴，並激勵你每天覺醒的事，使你過著和你的人生目的一致的生活。我完全了解，要求你馬上過和你的人生目的一致的生活聽起來有點強人所難，但記住只要你下決心，這個第一次可以是很容易做到的事，甚至是一件很小的事。（例如：「我要多一點微笑，好為我的生命和我周遭的人多帶來一點快樂。」或者，「我要主動問每一個人需不需要我的幫助，協助他們提升他們的生命價值。」）它將成為你邁向更大的人生目的的第一步。

記住，你隨時都可以改變你的人生目的。你在成長、發展的同時，你的人生目的也會隨著改變。重要的是你要選擇一個目的——任何目的——然後依著這個目的去生活，現在就開始。你甚至可以借用我剛才和你分享的其中一個人生目的（許多接受我指導的客戶都這麼做）。

記住，你不能只是「構想」你的人生目的，你要實地去做，去創造它，決定你要讓它成為怎樣的人生。馬修・凱利在他的暢銷書《生命的律動》中，鼓勵我們要有一個我認為我們都應該依據的放諸四海皆準的人生目的：成為最佳版本的自己。換言之，要致力於成長，成為最好的你，追求你的夢想，同時激勵他人也跟你一樣。這才是你的人生目的。

這幾天不妨找一點時間思考一下，明確地說出你的人生目的。把它寫下來，貼在你每天都看得見的地方。事實上，你在你的創造奇蹟的早晨就有時間做這件事。

永遠記住，當你致力於達成比你眼前的問題更寬廣的人生目的時，你的問題就會相對地變得不那麼重要，你也終將輕鬆地克服它們。

## 孤立事件

造成平庸的一個普遍存在、但不那麼明顯的原因是孤立事件。我們誤以為我們所做的每一個選擇，以及我們所採取的個別行動，都只影響某個特定時間或情況。例如：你也許以為一次不去健身、拖延一項計畫，或吃一餐速食，都不是什麼大不了的事，因為你明天會改過來。你誤以為不去健身只影響這一次，你下次會有更好的抉擇。這種觀念真是錯得離譜。

我們必須了解，我們的每一個抉擇與行動——甚至我們的想法——都會帶來重大的衝擊與影響，因為每一個想法、抉擇和行動都決定我們將成為怎樣的人，最終決定我們的生命品質。誠如T. 哈福・艾克（T. Harv Eker）在他的暢銷書《有錢人想的和你不一樣》（Secrets of the Millionaire Mind）中所說：「你做任何事情的態度就是你做所有事情的態度。」

你每一次選擇做容易的事，而不是做對的事，你就是在塑造你的特質，使你成為專做容易的事而不做對的事的那種人。

相反的，當你選擇做對的事，信守你的承諾——特別是當你不覺得很喜歡時——你就是在培養良好的紀律（許多人都欠缺），這是在創造你的非凡的一生成就時不可或缺的要件。誠如我的好友彼得・伍德（Peter Voogd）在指導他的客戶時常說的一句話：「紀律影響生活態度。」

例如：鬧鐘響時，我們壓下貪睡鈕（容易的事），大部分人都誤以為這個舉動只影響當時那一刻。事實上，這種行為模式就在設定我們的潛意識心態，告訴我們：不對我們打算做的事堅持到底是ＯＫ的。（詳細內容請參考下一章〈你今天早晨為什麼起床？〉）

我們必須停止孤立事件，開始往大處想，了解我們所做的每一件事都影響我們成為怎樣的人，而我們是怎樣的人就決定我們後來所創造的人生和我們所過的生活。當你看到這個願景時，你會更認真看待鬧鐘這件事。早晨鬧鐘響了，你很想按掉它，但這時你要開始想：慢著——我不要成為這種人——一個連早晨起床的紀律都沒有的人。我現在要起床，因為我承諾要……（早起，達成我的目標，創造我想要的人生等等。）

永遠記住，你成為什麼樣的人遠比你現在做什麼事重要得多，但你現在做什麼事能決定你將來成為什麼樣的人。

## 缺乏責任感

成功與責任感之間的關係是無庸置疑的。事實上，所有高成就的人——從企業老闆、職業運動員，到美國總統——都有高度的責任感。責任感影響他們採取必要的行動，創造成果，即便他們不是很喜歡。缺少責任感，就會有許多職業運動員偷懶不想練習，企業老闆整天忙著拿手機和朋友連線玩拼字接龍遊戲。我相信現在已經有人這樣做了（很慚愧，我偶爾也會），相信以後肯定還會更多。

責任感是對某一個人的行為或結果負責。世上的人一生中幾乎少不了某種形式的責任。你我從出生到十八歲，多虧我們生命中的成年人（父母、老師、公司老闆等）對我們負責，才會有肯定的結果。蔬菜吃進肚子裡了、功課做完了、刷牙、洗澡、在適當的時間上床睡覺。如果沒有我們的父母和老師對我們負起責任，我們就不可能接受教育，就有可能成為營養不良、睡眠不足、全身髒兮兮的小孩！如此定義沒錯吧？

責任感使我們的生活有秩序，使我們成長、進步，得到應有的結果。問題是：責任感不是你我主動要求的，而是我們從兒童、青少年、青年這樣一路忍受下來。既然是大人強迫的，我們就會在潛意識中抗拒或討厭責任。然後，等我們年滿十八歲，我們會把握每一分我們能掌握的自由，繼續逃避責任，彷彿它是一種瘟疫，然後繼續沉淪下去，最後養成危害個人成長的平庸心態和習慣，如懶散、逃避責任、喜歡抄捷徑——這些都不是成功的資糧。

現在我們都長大成人了，為了得到足夠的成就與滿足，我們必須扛起責任，啟動我們自己的責任感（或者回去跟父母住）。你的責任感可能是成為一個專業教練、良師益友，甚至是好朋友或好家人。但實際情況是，專家統計，有百分之九十五的人讀了任何一本書後不會去貫徹他所學到的東西，因為他們不覺得他們有責任去實踐。這裡有一種方式可以改變這種心態。

## 強力建議——找一位責任夥伴

你是否曾經這樣——本來打算去運動或去健身房，卻又因為覺得不太想去而放棄？有吧，我們都有過。那麼，假如你知道有人在健身房或跑道上等著你時又如何——當你知道有人在等著你時，你會更樂意去盡責嗎？

我強烈建議你找一位責任夥伴一起閱讀這本書。這個人可以是你的朋友、同事或家庭成員，介紹他們到MiracleMorning.com網站參加短期速成班（還可以下載本書的兩章內容，以及「創造早晨奇蹟」視訊與音檔——全部免費。）一起分享創造早晨奇蹟的。這樣不但可以幫助這個人提升他的生命品質，你們倆還可以互相支持、互相勉勵，各盡其職。

你甚至可以在你的臉書塗鴉牆，或到www.facebook.com/groups/MyTMMCommunity網站的「創造早晨奇蹟」社群發出邀請，你可以這樣寫：「我在找一個想改善人生的人，成為我的『創造早晨奇蹟——三十天轉化生命的挑戰』的責任夥伴。有意者請至MiracleMorning.com網站和我聯絡。」記住，回應你的人就是你想要的影響圈的人！

我建議你現在就開始行動，打電話、發簡訊，或寫電子郵件給你的朋友，邀請他們加入，和你一起踏上「創造早晨奇蹟」之旅，成為《上班前的關鍵1小時》第十章中所闡述的的責任夥伴。或者，請登入www.facebook.com/groups/MyTMMCommunity網站上的「創造早晨奇蹟」社群，聯絡「創造奇蹟的人」（Miracle Makers），找出你理想的責任夥伴。

## 平庸的影響圈

研究結果顯示，我們實際上是大部分時間和我們在一起的五個人平均的那種人。你經常和誰在一起也許就是決定你的生命品質的一個決定因素。如果你經常和懶散、意志薄弱、老是找一堆藉口的人在一起，你一定會跟他們一樣。常和積極、成功的人在一起，他們的態度與良好的習慣一定也會影響你，你會越來越像他們。

這點從各方面看都是真實不虛的——成功、健康、快樂、減重、收入。如果你的朋友都是快樂又樂觀的人，你和他們在一起，自然也會變得更快樂與更樂觀。如果你的朋友都是事業有成，年收入逾十萬美元——即便你在他們的圈子內，但收入遠不及他們——你也會自然而然受到他們的觀念影響而提升水平，並受到他們已經養成的良好習慣的影響。

相反的，如果你接觸的人經常抱怨，老是看人生的負面，你也可能變得和他們一樣。如果你的朋友不努力改善他們的生命，或總是為金錢問題操心，他們就無法激勵你或啟發你改善你自己。

遺憾的是，許多人很想在人生中超前，卻不斷被他四周的人拉下來。如果那些人是你的家人你就更不容易上進。你一定要堅強，少跟那些不會鼓勵你、激勵你成為最好的你的人來往。

找出相信你、欣賞你，能幫助你達成夢想的人。你必須主動找出這樣的人來改善你的影響圈，他們不會偶然出現。以下有幾個方法你不妨試試看：

- 你可以參加互聯網社群，如「創新與創業聚會」網站（www.meetup.com），找到和你有共同興趣、志同道合的人。你可以加入一個有趣的「聚會」群組，或者自己建立一個新的群組。
- 如果你是企業老闆或負責行銷產品或服務的專業人員，你可以加入「商業網路與引薦市場」（Business Networking and Referral Marketing）社群，其中規模最大的是「全球商務引薦平臺」（BNI）——www.bni.com——我加入這個社群已有許多年，它對我的業務成長有很大裨益，我經常推薦給別人。

●如果你是學生——中學生，初中、高中，或小學生——我大力推薦你加入「美國男孩女孩俱樂部」（Boys & Girls Clubs of America）。你可以到www.bgca.org網站，從全美四千所分社中找出適合你的參加。這是協助年輕人邁向成功之路的最佳組織之一。他們的使命是：使所有年輕人，特別是最需要我們協助的人，都能發揮最大的潛能，成為有效率、有愛心、負責任的公民。名演員丹佐·華盛頓、亞當山德勒、珍妮佛羅培茲，以及NBA職業籃球員俠客·歐尼爾，都曾經是該俱樂部的會員。想要成功，他們都是很好的榜樣。

●前面說過，在www.facebook.com/groups/MyTMMCommunity網站，我們有一個格外積極、互助，並高度互動的社群，你可以參加。你可以在那裡找到各個領域志同道合的人成為夥伴，他們都是力爭上游、希望他們的生命提升到另一個層次，同時支持他人一起共同努力的人。

俗話說「同病相憐」，平庸也一樣。不要讓別人的恐懼、不安全感及狹隘的觀念限制了你的能力。你要做的一件最重要的事就是積極主動、持之以恆地改善你的影響圈，永遠接近能提高你的生命價值、激發你的最大潛能的人。當然，你也要成為幫助他人的人。

這是你一定要找一個朋友、同事或家人成為你的責任夥伴，一起實踐創造早晨奇蹟的另一個重要原因。你會因為幫助他們提升他們的個人成長水平，使他們提高生命的價值，連帶的，使他們也影響你提升自我。

## 缺乏個人成長

吉姆・羅恩是我的良師益友，他教我許多改變生命的哲理。我認為最重要的一點是：我們的成就水平不會超越我們的個人成長水平，因為我們要先成為怎樣的人才能吸引怎樣的成就。換句話說，你的成就水平——人生各方面——通常和你的個人成長（例如：你的知識、技術、信念、習慣等等）水平是並行的，很少會超越它。

我們在前面談過這一點，現在讓我們再回顧一下。假如你我要衡量我們人生任何一方（健康、財務、關係等）的成就水平，若以一到十分的級數來衡量，我們都希望有十分的成就，對吧？很好。

現在，問題是大部分人都沒有每天把時間投資在將自己培養成能夠吸引、創造生活及維持十分成就的那個人，以致我們在追求我們真正想要的健康、快樂、活力、愛、個人與事業的成就時才會那麼辛苦。

在〈創造早晨奇蹟——三十天轉化生命的挑戰〉中（第十章），你將會看到「快速啟動工具」，它會引導你走上覺醒之路。你在評估各方面的成就水平時也許會感到痛苦，但你一定會驚喜地享受那個過程。當你的思路與覺察力提升到一種澄澈度後，你就能淨化你的人生各方面的願景，建立你的「更上一層」的目標，並立即朝你的十分成就願景邁進。

無論你的過去如何，你能想像到的美好人生都能實現；它在等著你自我成長為那個很快就能吸引、創造、過你想要的那種人生的人。

「創造早晨奇蹟」將使你成為那個很快就能在你的人生各方面——沒錯，各方面——不斷吸引、創造、維持十分成就的那個人。

永遠記住，我們如果不花時間去自我成長，我們就只好花時間去痛苦與掙扎。《上班前的關鍵1小時》將告訴你如何把時間用來做不可思議的自我發展。

## 缺乏迫切感

值得注意的是，造成平庸與沒有充分發揮潛力——使百分之九十五的人無法創造和過他們真正想要的人生——的一個最重要因素是：大部分人都沒有自我改善的迫切感促使他們去改善他們的生命。人們都懷有一種「總有一天」自然會解決的心態。

這種心態會反覆出現，使你過著一天拖過一天的生活，不能充分發揮你的潛力，使你懊悔一生。然後有一天你會醒覺，心想這到底是怎麼回事；你怎會過這種生活？你怎會落得如此下場？

人一生中最悲慘的一件事就是悔不當初，最後才明白你其實可以做得更多、擁有更多。

要牢記這個真理：現在比你過去任何時刻更重要，因為是今天做的事在決定你將成為什麼樣的人，而你將成為什麼樣的人決定你的生命品質與生命方向。

如果你今天不開始成為創造你夢想中的美好人生的那個人，那你以為明天——或下週，或明年——你就會跟今天不一樣嗎？不會的。這是為什麼你必須先為自己設定一個底線的原因。

## 第三步：為自己設定底線

你已知道，並同意有百分之九十五的人都過著痛苦掙扎的人生，如果我們的觀念與生活型態和這些多數人一樣，我們一樣會有痛苦掙扎的人生。你也已經找出你有必要一直保持警覺並避免平庸的成因，接下來第三個步驟就是為你自己設定底線，決定從今天開始要如何改變你自己。

不是明天，不是下週，也不是下個月，為了保證你能創造出你真正想要的人生，你一定要在今天就決定做必要的改變。為了使你個人與事業的成就超越過去，你對自己的承諾也一定要和過去不一樣。你準備好做這樣的承諾了嗎？

從你決定不讓自己再繼續平庸下去那天開始，你的整個人生就不一樣了。那時你明白今天是你一生中最重要的一天；那時你決定現在比過去任何時刻更重要，因為你每一天成為什麼樣的人都由你所做的決定與行動來主導，它們是你未來的人生的決定因素。

每個人都有可能成為平庸之人，因為平庸的意思就是選擇——無論是有意識或無意識——和一般人一樣。平庸不是你和他人相互比較的結果，而是你沒有下決心不斷地學習、成長與進步。相反的，卓越人士——帶來卓越的成就——是選擇學習、成長、每天都比過去更好一點的結果。

我們都有過懊悔的痛苦經驗——我們的思想、言行使我們成為一個平庸之人，做平庸之事，以致無法擁有我們能力所及的成就。每天庸庸碌碌，一天又一天，一週又一週，一個月又一個月，日積月累，幾年很快就過去了。如果我們現在不立刻開始改善，那麼我們就會為自己製造庸庸碌碌過日子、沒有充分發揮潛力的人生。

事實真相是，如果我們現在不改變，我們的生命也不會改變。如果我們不改善，我們的生命也不會變得更好。如果我們不持之以恆地將時間投資在我們的自我成長，我們的人生也不會進步。然而我們大部分人每天醒來後仍然和過去一樣沒有改變。

我想你一定希望改善你的人生。我知道我想。如果你真實地面對自己，你一定會想過一種不平凡的人生。它不一定指家財萬貫或名聞天下。每個人的夢想都不一樣，重要的是過你自己定義的不平凡的人生，一種你可以作主的人生，合你意的人生，可以無拘無束行動、成為並擁有你想要的一切的人生。沒有藉口，沒有悔恨，一種美好的、有意義的、快樂的人生！

誠如暢銷作家羅賓・夏瑪所說：「人生最可悲的一件事是到最後一刻才悔不當初，明白原來你可以比過去做得更多，並擁有更多。」悲慘的命運雖然是自己造成的，但你大可不必如此。你今天就可以為自己設定底線，你可以決定你不要再繼續平庸下去，你要偉大，你可以選擇成為創造你真正想要的美好人生的那個你。你的人生可以充滿豐富的能量、愛、健康、快樂、成功、財富，以及你曾經幻想去擁有、去行動、或去成就的其他一切。《上班前的關鍵1小時》就能帶給你這樣的人生。

但首先，有個重要的問題……

第四章

# 你今天早晨為什麼起床？

如果你想帶著滿足感上床睡覺，每天早晨就必須以堅定的決心起床。

——喬治・洛里默（George Lorimer）

你一天當中習慣做的第一件事就是對你影響最大的習慣，因為它會影響你的心態，從而影響你這一天所做的事。

——埃本・派根（Eben Pagan）

你今天早晨為什麼起床？想一想……為什麼你在早晨起床？為什麼你要離開溫暖、舒適的床鋪？是因為你想起床嗎？還是你總是拖到不得不起床時才起床？

假如你和大部分人一樣，每天早晨在狂叫的鬧鐘鈴聲中醒來，萬分不情願地勉強下床，只因為你必須去某個地方，做某件事，回覆——或照料——某個人。如果讓你選擇（你有選擇嗎？），多數人會選擇繼續睡覺。

所以，很自然地，我們會抗拒。我們會按掉鬧鐘，抗拒起床的動作。殊不知，我們的抗拒正是向宇宙發出一個訊號，昭告我們寧可躺在床上——昏昏沉沉地——也不願有意識地、積極地過或創造我們宣稱我們想要的人生。我們大多數人都安於某種程度的平庸和沒有充分發揮潛力。我們不喜歡它。我們也不覺得它好，我們知道我們絕對可以有另一種水平的成就與滿足，但我們覺得我們被困，而且不知道如何才能擺脫困境。

## 起床的真相：你按掉鬧鐘，你就輸了

俗話說：「你按掉鬧鐘，你就輸了」，這句話也許有比我們所了解的更深刻的意涵。當你拖到不得不起床時——意思是，你拖到最後一刻才勉強下床展開一天的生活——不妨思考一下，你真正做的其實是在抗拒你的人生。你每次按掉鬧鐘，就是處於抗拒這一天、這一生、起來創造你說你想要的那種人生的心態。試想，當你用抗拒的心態展開這一天，當你以內心的獨白：「噢，不，時間到了，我不得不起床了，我實在不想起床。」來回應鬧鐘響時的那種負能量，那就彷彿你在說：「我不想過我的人生，至少沒有很想。」

研究報告顯示，對於許多罹患憂鬱症的人，早晨的時間最痛苦。他們害怕醒來，有時是因為他們覺得有義務要去上班，或因為必須面對失敗的關係。有些人認為這純粹是抑鬱的本質，不需要特定理由就能在人們的心理、情緒和心智形成壓力。早晨的氛圍會嚴重影響我們這一天的氛圍，它會造成一種循環：沮喪地醒來，悶悶不樂地度過一天，然後帶著焦慮或抑鬱的心情上床睡覺，第二天再重複這種憂鬱的循環。

這些人不僅錯失每一天有目的地醒來時所帶來的豐富的清晰度、能量、動機及個人力量，他們抗拒這些每天都必須做的活動就等於向全世界昭告，他們寧可昏昏沉沉地賴在床上，也不願去創造和過他們想要的人生。

相反的，如果你每天有熱情、有目的地醒來，你就是那些過著夢想中的人生的少數人之一。最重要的是你會快樂。單單改變你早晨醒來的方式，你就能改變一切。但你不要都聽我的——你要相信那些早起的名人：歐普拉・溫芙蕾、東尼・羅賓斯、比爾・蓋茲、霍華・舒茲（Howard Schultz）、迪帕克・喬普拉（Deepak Chopra）、韋恩・戴爾（Wayne Dyer）、湯瑪斯・傑佛遜、班傑明・富蘭克林、艾伯特・愛因斯坦、亞里斯多德，以及其他許多不可計數的名人。

沒有人告訴我們，學習如何下決心有意識地每天早晨在真正的渴望——甚至一股熱忱——中醒來，我們就能改變我們的一生。

如果你每天只是按掉鬧鐘，直到最後一刻才不得不起床趕去上班、上學，或照顧家人，下班回家後又癡癡呆呆坐在電視機前面，直到上床睡覺（這就是我過去的生活習慣），那麼我要問你：你什麼時候才把自己培養成能創造出你真心想要並值得擁有的健康、財富、快樂、成就與自由水平的那個人？你什麼時候才真正在過你的生活，而不是整天渾渾噩噩地尋找每一個可能分心的機會來逃避現實？如果你的現實生活——你的人生——等不及你清醒時，你怎麼辦？

再也沒有比今天更適合我們捨棄過去的我迎向未來，提升現在的生命品質，成為我們真正想要成為的那個我。再也沒有比你現在手上拿的這本書更能教導你如何成為你想成為的那個人，那個能快速吸引、創造與維持你夢想已久的那種人生的人。

## 我們需要多少睡眠？

關於我們需要多少睡眠這件事，專家會告訴你的第一句話是沒有「魔法數字」。理想的睡眠需要量因人而異，而且隨著年齡、遺傳基因、整體健康、個人的運動量，以及其他許多因素的影響而有差異。你也許一個晚上最好能睡七小時，別人可能得睡足九小時才會有快樂、高效率的人生。

美國睡眠基金會（National Sleep Foundation）指出，部分研究結果發現，睡眠時間長（九小時或更多）的人和罹病率（疾病、意外）增加有關，甚至和死亡也有關係。這項研究同時發現，憂鬱症這類疾病和睡眠時間長也有密切關係。

由於不同的研究與專家提出種種不同的證據，也由於睡眠需要量因人而異，我不打算在這裡舉出適當的睡眠實例，只針對我自己的個人經驗與實驗，以及我研究歷史上一些偉人的睡眠習慣所得到的真實結果，分享給大家。不過我要提醒你，其中有些部分仍然具有爭議性。

## 如何才能醒來後更有精神（以較少的睡眠）

透過多種睡眠時間的實驗——以及從許多實踐創造奇蹟的早晨，測試過這個理論的人的經驗——之後，我發現，我們的睡眠如何影響我們的生理這件事，主要是受我們每個人認為我需要多少睡眠才夠的信念所影響。換句話說，我們早晨醒來的感覺——這是一個非常重要的特點——不完全由我們睡幾小時來決定，主要是受我們告訴自己醒來後會有什麼感覺所影響。

譬如，假如你相信你需要睡足八小時才會覺得真正得到休息，但你午夜十二點才上床，又必須在早晨六點起床，這時你可能會告訴自己：「天啊，我昨晚才睡六小時，可是我需要八小時的睡眠，明天早上我一定會很累。」然後，你的鬧鐘一響，你張開眼睛，知道你該起床了，這時你會怎樣？你的第一個念頭會是什麼？肯定和你昨天晚上上床睡覺前想的一樣！「天啊，我才睡六小時，我好累啊！」這是一個自我實現、自我破壞的預言。假如你告訴自己你明天早上會感到疲倦，那你絕對會感到疲倦。假如你認為你需要睡八小時才覺得真正得到休息，那麼睡不足八小時你就會覺得沒有得到足夠的休息。但，假如你改變你的信念呢？

身與心的連結具有強大的影響力，我相信我們都必須為我們生命中的各方面負責，包括每天早上醒來後感到充滿活力的那種能量，無論我們睡了幾個小時。

我曾經做過各種不同的睡眠實驗——從少至四個鐘頭，到多至九個鐘頭。我還做過另一個不同的實驗，就是主動告訴自己我明天早上醒來後要有什麼感覺——依據我的睡眠時間長短。我先試驗各種不同的睡眠時間，並在睡前告訴自己，我睡得不夠，明天早上起來會很疲倦。

睡四個鐘頭，醒來後覺得很疲倦。

睡五個鐘頭，醒來後覺得很疲倦。

睡六鐘頭，你猜——還是疲倦。

七個鐘頭……八個鐘頭……九個鐘頭……早晨鬧鐘響時，無論睡多少個鐘頭都無法改變我的感覺。只要我在睡前告訴自己我睡得不夠、第二天早上我會覺得疲倦，我就真的會有那種感覺。

接下來，我再實驗不同的睡眠時間——從九個鐘頭到四個鐘頭——這次我在睡前告訴自己，我早晨醒來要有精神抖擻的感覺：「謝謝你今晚給我這五個鐘頭的睡眠，五個鐘頭我就覺得我有得到充分的休息，早上起來就會充滿活力。我的身體能做不可思議的事，至少在睡五個鐘頭之後便能讓我精神飽滿。我相信我有了真實的體驗，我選擇明天早晨醒來後精神抖擻，充滿活力地展開這一天，我很感激。」

結果我發現，無論我睡九個鐘頭、八個鐘頭、七個鐘頭、六個鐘頭、五個鐘頭，或甚至只睡四個鐘頭，只要我在上床之前有意識地決定我要得到品質最好的睡眠——這幾個鐘頭的睡眠將使我早晨醒來後充滿活力——我就會在醒來後覺得我比以前精神更好。但我說的不算，我鼓勵你自己實驗。

那麼，你真正需要多少睡眠時間？告訴我。假如你有失眠或睡不好的問題，而且你很擔心，那麼我強力建議你去買一本蕭恩・史帝文森（Shawn Stevenson）著作的《睡得更聰明：睡出健康與財富的21個秘訣》（Sleep Smarter: 21 Proven Tips to Sleep Your Way to a Better Body, Better Health, and Bigger Success）。這是我讀過的有關睡眠的書籍中研究最詳盡的一本書。

## 每天早晨都像過耶誕節的秘訣

回憶你這一生中早晨醒來最興奮的時候。它也許是一早要去搭機度假，你對這次假期已經期待了好幾個月。它也許是你的新工作上任的第一天，或開學第一天。它也可能是你的大喜之日，或你的上一次生日。我個人，除了小時候每一年的耶誕節早晨之外，我想不出其他更能讓我醒來充滿興奮——無論我睡幾個鐘頭——的早晨。或許你能理解？

無論什麼特殊日子使你醒來後內心充滿興奮，當這樣的早晨來臨時你是什麼感覺？你會勉強起床嗎？我懷疑。像這樣的早晨，我們都迫不及待起床！那時的心情確實是精神百倍且高度振奮。我們會立刻掀開被子跳下床，準備迎接這一天！想像你一生中的每一天都像這樣。可能嗎？當然可能。

「創造早晨奇蹟」主要是要再一次帶來早晨醒來後充滿活力與興奮的感覺，並在一生中的每一天——盡你的餘生——都持之以恆地去實踐！它是有目的的醒覺——不是因為你不得不如此，而是因為你真心想這麼做——然後把每一天都用來努力把自己培養成創造出你所能想像的最出色、最滿足、最豐富的人生的那個你。「創造早晨奇蹟」已影響全世界成千上萬人在實踐了，他們都跟你一樣。

第五章

# 五個防止貪睡的起床策略

## 給所有喜歡賴床的人

仔細想想，早晨按掉鬧鐘其實沒道理，它彷彿在說：「我痛恨早晨起床，所以我一次又一次、一次又一次把鬧鐘按掉。」

——狄米崔・馬丁（Demetri Martin）

早晨如果能再晚一點，我會更喜愛它。

——無名氏

首先，我要說，如果不是我即將對你敘述的這個策略，我現在每天依然會睡到鬧鐘響才會起床，更糟的是，我會仍然堅持我的狹隘的信念，說我不是個「早起的鳥」。

據說，沒有人真正喜歡早起，但人人卻都喜歡早起的感覺。這有點像運動——我們總是經過一番內心掙扎才會去健身房，但我們都愛去健身房的感覺。一早起來，尤其是有目的的早起，總能帶給你掌握了這一天的感覺。

## 增強你的起床動機

對多數人而言，每天早晨鬧鐘響時，我們多半是從沉睡中被喚醒，離開舒適的床鋪是最沒有吸引力的一件事。假如把起床的動機分級——又稱「起床動機級數」（Wake Up Motivation Level，簡稱WUML）——如果把鬧鐘開始狂叫那一刻以一至十分來劃分（「十分」是準備起床展開一天的生活，「一分」是你怎麼也不想動，只想繼續睡），我們的「起床動機級數」恐怕都在一分或二分。當你仍在半睡眠狀態時，想按掉鬧鐘繼續睡是很自然的事。

困難點在於，當你的鬧鐘響時你的「起床動機級數」只有一分或二分時，你要如何給自己早點起床創造美好的一天的動機？

答案很簡單：一步一步來。以下是我的早晨比過去更容易醒來——即便是大清早——又可防止按掉鬧鐘的五個簡單步驟。

## 第一步：睡前先建立好心態

起床最重要的關鍵是記住：早晨的第一念通常是你睡前的最後一念。例如，我們都有過因為太期待第二天早晨醒來，以致前一天晚上難以入眠的經驗，無論是耶誕節前夕、生日前夕、開學第一天、新工作第一天上班，或去度假——鬧鐘一響，你會立刻睜開眼睛，興奮地起床展開快樂的一天！

相反的，假如你睡前的最後一念是這樣：「我不敢相信我必須在六點起床；明天早上我一定會很累！」那麼鬧鐘響時你的第一念一定是：「喔，我的天，六點了嗎？不要！我還想睡！」

所以，關鍵是每天晚上都要積極而謹慎地為第二天早晨生起一種正面的心態而準備。想在上床睡覺前用明確的語句建立強有力的心態，你可以到www.miraclemorning.com網站下載「創造早晨奇蹟」的「睡前肯定」（Bedtime Affirmation）。

## 第二步：鬧鐘擺遠一點

萬一你還沒有準備好，那就把鬧鐘擺遠一點，離開你的床鋪越遠越好。這樣可以強迫你起床活動一下。活動了就會有精神，你起身、下床，自然就會醒過來。

如果你把鬧鐘放在床頭，鬧鐘響時你仍在半睡眠狀態，這樣會比較不容易起床。我相信你一定都有過翻身——半睡半醒——不知不覺關掉鬧鐘的經驗。我就有好幾次以為鬧鐘響是我在作夢。

光是強迫你下床按掉鬧鐘鈴聲這個動作，就能使你的「起床動機」從一分立刻提高到二分，但你仍有可能睡眼矇矓，所以……

## 第三步：刷牙

我知道，我知道。哈爾，你叫我去刷牙？是的，起床後的頭幾分鐘你可能會做一些盲目的動作，讓你的身體有一點時間醒過來，所以，按掉鬧鐘後，你就直接去浴室刷牙，在臉上潑一點溫水（或冷水）。這個簡單的動作可以使你的「起床動機級數」從二分提高到三分或四分。好，現在你的口腔有清新的薄荷味了，下一步……

## 第四步：喝一杯水

每天早晨醒來第一件事先補充水分十分重要。六至八小時沒有喝水，你已經有點脫水了，脫水會造成疲憊。當你感到疲倦時——一天當中的任何時間——往往是需要更多的水分，而不是更多的睡眠。

你可以先去拿一杯水（或者你也可以像我這樣，我會在睡前先裝好一杯水，這樣早晨醒來就可以馬上喝），然後以你習慣的速度喝下，目的是讓你的身、心盡快補充水分，彌補你在睡眠期間失去的水分。

喝一杯水，讓你的身體補充水分後，你的「起床動機級數」會從三分或四分提高到四分或五分。

## 第五步：換上你的運動服

最後一步但不是最不重要的一步是換上你的運動服，這樣你就可以準備離開臥房，立刻展開你的「創造早晨奇蹟」。有些人喜歡以淋浴展開他們的一天，但我認為我們應該先流點汗再去淋浴！

晨間運動能最大化地提升你的潛力，因為它能將你的身、心及情緒狀態推向高峰，讓你這一天更有效率。下一章我們會有更深入的討論。

這五個簡單的步驟只需要五分鐘就完成了，當你完成這幾個步驟時，你的「起床動機級數」自然會提高到五分或六分，這時候你不必太費力就能清醒地展開你的「創造早晨奇蹟」。如果你在鬧鐘響時——你的「起床動機級數」只有一分時——才嘗試履行你的諾言，就會困難得多。

現在讓我們快速回顧一下使你更容易起床、清醒的防止貪睡的五個策略：

**1. 睡前先建立好心態。這是最重要的一步。**記住：早晨的第一念通常是你睡前的最後一念，因此你要在每天晚上臨睡前，負責為第二天早晨建立好心態。

**2. 鬧鐘擺遠一點。**記住：有活動就會有精神！

**3. 刷牙。**用李施德霖漱口水漱口幫助你清醒！

**4. 喝一杯水。**為你的身體補充水分，越快越好！

**5. 換上運動服。**先流點汗再去淋浴！

## 「創造早晨奇蹟」另外幾個幫助你起床的秘訣

記住，這個策略雖然經證實對數以千計的人有效，但前述這五個策略並不是唯一能夠讓你更容易早起的方法。我從實踐「創造早晨奇蹟」的人那裡還聽到幾個秘訣：

- **TMM睡前肯定：**如果你還沒有這麼做，不妨現在花一分鐘到www.miraclemorning.com網站，免費下載能讓你補充能量、建立心態的「創造早晨奇蹟」睡前肯定。
- **為你的臥房照明設備安裝定時器：**有一位我們的「創造早晨奇蹟」社群成員在他的臥房照明設備上安裝了一個定時器（你可以網購或在你家附近的水電行買一個定時器），讓鬧鐘響時臥室的燈光也同時亮了。這是多麼棒的點子！昏暗的光線容易使你又倒頭再睡，燈光亮了就是告訴你的身、心該起床了。無論有沒有裝定時器，你都一定要在鬧鐘響時把燈打開。
- **為你的臥房暖氣設備安裝定時器：**另外有一位「創造早晨奇蹟」的粉絲說，冬天她都在她的臥房暖氣設備上多加一個定時器，在她預定起床的前十五分鐘啟動暖爐。她夜裡讓臥房保持冰冷，但早晨起床時房間是溫暖的，這樣她才不會想再爬回床上躲進棉被裡。她說這樣做很有效！

請依你的喜好或習慣增加或量身定做你自己的防貪睡起床策略，如果你有其他秘訣想分享給大家，我很樂意知道。請上www.facebook.com/groups/MyTMMCommunity網站的「創造早晨奇蹟」社群直接和我聯繫，不要拘束。

這一切都是為了建立一種有效的、預設的、按部就班的策略，來提高你的「起床動機級數」。不要猶豫！今天晚上就開始大聲朗誦你的「創造早晨奇蹟」睡前肯定，把鬧鐘擺遠一點，在你的床頭櫃上放一杯水，第二天早晨再繼續進行另外兩個步驟。

第六章

# 挽救人生六法

## 保證將你從沒有充分發揮潛力的人生挽救回來的六種方法

想成功必須先成為能吸引成功的人。

——吉姆・羅恩

卓越的人生就是在最重要的方面每天都持續不斷地進步。

——羅賓・夏瑪

壓力。無所適從。挫折感。缺乏成就感。悶悶不樂。

以上幾個不愉快的形容詞，用來形容一般人對他或她的人生的觀感雖然有點遺憾，卻再貼切不過。

你我無疑都生活在人類史上最繁榮、最進步的時代，比起過去享有更多的機會與資源，但大多數人卻都沒有盡力發揮每個人內在的無窮潛力。我不喜歡這樣，你呢？

### 潛力落差

你有沒有感覺到，你想要的人生，以及你知道你可以成為的那種人，似乎都遙不可及？你有沒有感覺到，你一直想要趕上你的潛力——你知道你有潛力，你看得到它——卻始終追不上？當你看到別人在某方面很行而你不行時，你會不會覺得他們似乎都融會貫通了——彷彿他們知道一些你不知道的事，因為假如你知道的話，你也能在那方面勝出？

大部分人都活在這種巨大的潛力落差錯的那一邊，這個落差使我們沒有成為我們應該成為的那個人。我們常對自己產生挫折感，我們在人生中的某一面或更多面，都缺乏持續不輟的動機、努力和成果。我們花很多時間思考我們應該採取什麼行動才能創造我們想要的成果，但我們卻不去行動。我們都知道我們必須怎麼做；但我們都不能持之以恆地去做我們知道該做的事。你也是這種人嗎？

潛力落差的程度因人而異。你也許覺得你和你的潛力距離很近，只差一點點就能完全改觀；或者正好相反——你覺得你和你的潛力似乎有很大的差距，你甚至不知道從何下手。無論你是哪一種情況，你都應該知道你絕對有可能在你的潛力落差對的那一邊生活，成為你可以成為的那個人。

無論你目前是否處於你的潛力大峽谷錯的那一邊，正在思考如何才能通過峽谷抵達對岸；或者你已開始穿越峽谷，卻滯留在某一點上，無法前進到下一個階段，無法達成你知道你可以獲得的成就——本章將告訴你六個協助你破除障礙的方法，將你自己培養成你知道你可以成功的那個人。

## 你的人生不是你以為的那樣

大多數人都忙著經營、維持我們的生活狀況，甚至奮力求生，以致我們沒有時間專注在最重要的事——我們的生命。這兩者有何差別？我們的生活狀況是外在的環境、事件、我們周遭的人及地方的總和，它不是我們，我們比我們的生活狀況還多更多。

你的生命是最深層次的你。你的生命是由你的內部組織、態度及心理狀態組合而成，它任何時刻都能給你力量去調整、加強，或改變你的生活狀況。

你的生命是由生理（Physical）、智力（Intellectual）、情感（Emotional）及心靈（Spitual）幾個部分組合而成——簡稱PIES——這是每個人類都共有的。生理包括你的身體、健康、能量這些東西。智力包括你的心理、智能和思想。情感包括你的情緒、覺受和態度。心靈包括你的精神、信仰這些無形的東西，以及那個超越一切的看不見的力量。

你的生命是憑著你的能力在你的「內心」世界產生新的感受、認知、信念與態度，由此去創造或調整環境、關係、結果，以及生活狀況中的其他「外在」領域。許多智者都教導我們：「我們的外境是我們的內心世界的反射。」把每一天的時間和精力花在培養你自己的PIES，不斷成為更好的你，你的生活狀況總有一天會——幾乎是自然而然地——改善。

透過我自己的轉化過程——從再平凡不過、老是將藉口合理化，以及在許多方面過著普通和一般的生活，直至達成一度認為不可能的目標——我可以向你保證，你每天努力自我成長一定能成為你轉化生命的有力工具，如同它對我的影響一般。

## 現在開始挽回值得擁有的人生

許多人錯失他們真正想要的美好、滿意的豐富人生——我們的「十分」成就的人生——因為他們無所適從，每天把時間消耗在他們的日常生活上。他們的生活狀況耗盡了他們所有的時間，以致他們無暇去關心他們的人生和生命中最重要的事。

由於只顧日常生活的需求而疏忽與限制了你的人生——最後將導致悔恨、沒有充分發揮潛力，甚至淪為平庸——為了挽回你的十分成就的人生，你必須優先把每天的時間用來努力培養自己，讓自己成長。你要開始修習「創造早晨奇蹟」挽救人生六法——這是由六個能提升生命、改變生命的簡單日常生活作息組合而成，每一種作息都能協助你發展生理、智力、情感、心靈，把你自己培養成能創造出你想要的人生的那個你。

記住，你改變你的內心世界——你的生命——你的外在世界——你的生活狀況——也會同時改變。

## 「挽救人生六法」中的第一法：靜心

錯，它不是「睡覺」（sleep），很抱歉。我知道許多人都恨不得靠睡覺獲得成功，但除非你把自己低溫冷凍，靜候得到大筆遺產時再來解凍——不，這種方式行不通。

這裡有六個證實能影響個人成長的有效方法，我稱之為挽救人生六法（Life S.A.V.E.R.S.）。你可以利用它們獲得強大的力量——你本來就具備的力量——幫助你去調整、改變，或轉化你的人生各方面。現在且讓我們一一審視這六種有助於個人成長的方法，看它們如何協助你成為能輕鬆吸引、創造、過你夢想中的卓越人生的那個你。

## S 靜心

在沉靜狀態下，心靈會在清澈的光明中找到它的道路，使難以捉摸和虛妄的心念變得更晶瑩透澈。

——印度聖雄甘地

你靜默一小時所學到的會比你讀一年書多更多。

——馬修・凱利

靜心（Silence）是挽救人生六法中的第一法，而且或許是改善我們紛亂、求快、過度刺激的生活方式中最重要的一個。我指的是能轉化生命的有目的的靜默（purposeful silence）。「有目的」的意思是你在靜默中內心要懷著一種良善的目的，不是為了好玩。誠如馬修・凱利在他的暢銷書《生命的律動》中強調：「你靜默一小時所學到的會比你讀一年書多更多。」這是大智之言。

如果你想立即減輕壓力，以平靜、清明、祥和的心展開每一天，專注在你生命中最重要的事項上，甚至接近大徹大悟——和大多數人背道而馳——那麼你應該在每天早晨用一點時間先讓自己安靜下來，然後才展開一天的生活。

心清靜能提升生命，自古以來便有許多文獻記載。從禱告的力量，到靜心冥想的神效，歷史上有許多偉大的心靈都利用有目的的靜心來超越他們的侷限，創造卓越的成果。

## 早晨第一件事做什麼？

你有把時間投資在全神貫注建立最佳的心態來引導你度過這一天嗎？還是你通常等到不得不工作了才從睡夢中醒來？你可以用平靜、祥和或精神飽滿這幾個字來形容你一般的早晨嗎？如果是，恭喜你！你已比我們超前一步了。

對多數人而言，倉促、匆忙、緊張，甚至紛亂，都是早晨常見的現象。對另一些人而言，慢吞吞、懶洋洋、昏沉沉也許是更真確的形容詞。至於你，上述這些現象哪一種最能代表你的早晨？

大部分人典型的早晨是匆忙、倉促的。我們總是匆匆忙忙為那一天做準備，我們的心經常在跟自己對話：今天我們要做什麼；我們要去哪裡；我們要見什麼人；我們忘了什麼；我們遲到了；我們和另一半或家人吵架這件事。

有些人的早晨則是在行動遲緩、懶散、缺乏效率中度過，因此，絕大多數人的早晨不是緊張、匆忙就是慢吞吞與缺乏效率，這都不是展開一天生活的最佳方式。

靜心是可以立即減輕壓力，並增強自覺，使你的思路更清晰的最佳方式之一。它使你每天都能全神貫注在你的目標與優先事項，以及你生命中最重要的事。

這裡有幾種我最喜歡在靜心時間做的事，次序不拘，但你可以從簡單的靜坐開始：

- 靜坐
- 禱告
- 反省
- 深呼吸
- 感恩

有些早晨我只做其中一種，有時全部都做。這些活動都有助於你身心放鬆，心靈平靜，使你處在當下，更容易接受你的「創造早晨奇蹟」其他有利於個人成長的活動。

很重要的一點是你保持靜默時絕不能躺在床上，最好是離開臥房。躺在床上的問題——或者待在臥房內，因為舒適的床鋪就在你的視線內——是你很容易從坐著保持安靜，到變成慵懶，最後又倒下去睡覺。我一向都坐在客廳沙發，把我進行「創造早晨奇蹟」所需的一切工具都先準備妥當。我的自我肯定宣言、日記、瑜伽光碟、現階段閱讀的書籍——一一安排就緒，這樣我每天早晨都能順利進行我的「創造早晨奇蹟」，不需要再去翻箱倒櫃找任何東西。

## 靜坐冥想（Meditation）

坊間有許多書籍、文章及網站對靜坐冥想多有著墨，我就不多談它已被印證的諸多好處及各種禪坐方法，僅在這裡提一點我認為的最大好處，和你可以立即上手的簡單步驟。

靜坐主要是在一段時間內單純地保持靜默或一心專注。你也許知道，也許不知道，靜坐對健康大有幫助。許多研究顯示，靜坐比醫藥更有療效。經常靜坐能改善新陳代謝、血壓、大腦活動，及其他身體機能。它能減輕壓力與疼痛，改善睡眠，增強注意力與專注力，甚至能延長壽命。靜坐不需要花很多時間，你可以一天只用幾分鐘時間靜坐便得到許多利益。

一些名流、企業家及高成就的人，如：傑瑞・賽恩菲德（Jerry Seinfeld）、史汀（Sting）、羅素・西蒙斯（Russell Simmons）、歐普拉，及其他許多重要人士都曾公開表示，經常——通常是每天做——靜坐已成為他們生活中重要的一部分。特百惠（Tupperware）公司董事長瑞克・高英斯告訴《金融時報》，他每天靜坐至少二十分鐘，「對我來說，它是一種修行，不但有助於抒解壓力，而且讓我有一雙清澈的眼睛看清事情的真相與重要性。」《哈芬登郵報》也報導，歐普拉告訴奧茲醫生（Dr. Oz），超覺靜坐有助於她「與神連結」。

靜坐有許多類型，但大致可分成兩類：「引導式」與「個人式」。引導式靜坐是聽從另一個人的聲音，接受他的引導幫助你思考、專注與覺察。個人式靜坐是你自己做，沒有任何人的協助。

## 「創造早晨奇蹟」——靜坐

這裡有一種簡單的、按部就班的個人式靜坐，即便過去從未嘗試過，你一樣可以在你的「創造早晨奇蹟」中練習。

- 靜坐之前最重要的是要先把心態準備好，期許自己。你要在這段時間把心平靜下來，拋開強制性的雜亂念頭——重溫過去的事、眼前的壓力，或對將來的憂慮——始終無法專注在當下的習慣。這時候你要暫時放下你的壓力與煩惱，全神貫注在眼前這一刻。它也是徹底觀照真實的你的時候——深入你的心靈深處，觀察你有什麼、你在做什麼，或你接受「你是誰」的標籤——這種自我觀照，許多人甚至想都沒想過。貼近真實的你的本質通常就是指「存在」，不想、不做、只是存在。如果你覺得這些話聽起來很陌生或太「新潮」，不要緊，我以前也曾經這樣。這或許是你從未嘗試過的緣故，但幸好你要開始嘗試了。
- 找一個安靜、舒適的地方坐下。你可以坐在沙發、椅子或地板上，也可以找個坐墊坐下，會更舒服一點。

●挺直上身、盤腿。你可以閉上眼睛，也可以斂目注視前方大約兩呎的地面。

●把注意力集中在你的呼吸上，緩慢深細地用鼻子吸氣，用嘴巴吐氣。要把空氣都吸進腹部，而不是胸腔。如果做對了，你在吸氣時腹部會鼓脹，而不是胸部。

●現在開始數息；吸氣時緩緩數三秒（一秒，兩秒，三秒）……然後憋氣三秒（一秒，兩秒，三秒）……接著吐氣時緩緩數三秒（一秒，兩秒，三秒）。當你專心數息時，你會感覺你的念頭和情緒逐漸平穩下來。你會發現當你嘗試靜下你的心時，仍然會有一些雜念跑出來，但你只要發現它，然後放下它，讓你的心再繼續回來專心數息。

●記住，這是讓你停止強制性不斷胡思亂想的時候；這是讓你放下壓力暫時喘一口氣，停止為將來操心的時候；這是完全處於當下這一刻的時候，通常就是指存在的意思。不想、不做，只是存在。你要持續專注在你的呼吸上，想像你把積極、愛、平和的能量吸進來，然後吐出你所有的煩惱與壓力。享受平靜，享受這一刻，只是單純地呼吸……只是存在。

●如果你發現腦子裡仍然不斷出現雜亂的念頭，那麼專心想一個字或一句話，然後在你吸氣、吐氣時一遍又一遍對自己複述，或許會有幫助。例如，你也許可以試試看：（吸氣時）「我吸進和平……」，（吐氣）「我吐出愛……我吸進和平……」（吸氣）……「我吐出愛……」（吐氣）……你也可以和平與愛互相調換，或隨你的需求將更多元素帶進你的生命（如：信心、信仰、能量、信念等等），或帶給世界更多你想貢獻的東西。

● 靜坐是你每天都可以送給自己的禮物，一個真正不可思議的禮物。現在靜坐已成為我每天最愛做的一件事，它是使你得到祥和、體驗感恩，以及從日常生活壓力與煩惱得到解脫的一段時間。不妨把每天的靜坐視為從煩惱中短暫休假。靜坐結束時，雖然問題依然存在，但你會發現你更能專注，更有辦法解決它們。

## 有關靜心的最後幾句話

靜心時並非只能保持安靜，你也可以禱告、冥想、專心一意感恩，甚至深入思考。對我而言，靜坐——尤其是冥想——剛開始時非常困難，這也許是因為醫生診斷出我有注意力不足過動症（ADHD）的緣故。我不知道我是否認同他們的診斷，甚或認同注意力不足過動症是一種「不正常」現象（這是另一個話題，以後再談），但我承認叫我安靜坐著讓心平靜下來確實是一種挑戰。我的腦子不斷有念頭進進出出，宛如彈珠似的快速彈跳，幾乎沒有停歇的時候。

因此，儘管我坐下來保持靜默，我的心也不會安靜下來。靜坐與靜心對我來說是如此困難，這也是我必須努力控制它的原因。我每天練習靜心，大概三週或四週之後才有辦法做到容許念頭出現之後我安靜地覺察它們，然後安靜地讓它們離開，內心不起一絲波瀾。所以，如果你剛開始練習保持靜心或靜坐時十分困難，千萬不要氣餒。

至於有目的的靜心要多少時間才夠，我建議剛開始時五分鐘就好，不過我會在下一章教你如何在短短六十秒的靜默中體驗到生命提升的好處！剛開始練習時，我會靜坐，讓心平靜下來、放鬆、禱告、冥想，思索我要感恩什麼，然後單純地深呼吸，前後在五分鐘之內完成。這是一種多麼祥和、完美的展開一天生活的方式。

## A 肯定

反覆肯定自然就會相信，一旦相信就會確認不移，於是事情開始發生。

——穆罕默德・阿里

除非潛意識中深信你會成功，否則終將失敗。但有了自我肯定，立即成功。

——佛羅倫斯・斯柯維爾・希恩（Florence Scovel Shinn）

「我最偉大！」穆罕默德・阿里一次又一次肯定自己，後來果然成為一代偉人。自我肯定是快速成為能成就一生夢想的那個人的最有效方法之一。自我肯定使你去思考，然後培養你的心態（思想、信念、專注），這樣才能將你的生命提升到另一個層次。

社會上一些最成功的人——如威爾・史密斯、金・凱瑞、蘇西・歐曼、穆罕默德・阿里、歐普拉，及其他許多知名人士——都曾經強調，正向的思考與自我肯定幫助他們邁向成功與財富。

你知道也好，不知道也罷，並非只有瘋子才不停地自言自語。我們每一個人的腦子裡都有一些內心的對話，幾乎沒有停過。它多半是你不自覺的，也就是說，我們不是有意識地選擇這些對話，而是任由我們過去的經驗——好的和壞的——一遍又一遍反覆重播。這不但是正常現象，而且還是我們每一個人都要學習和掌握的最重要過程。但很少人會主動選擇正向、積極的思維來提升他們的生命價值。

我最近讀到一項統計結果，百分之八十的女性整天都不滿意她們自己（身材、工作表現、別人對她們的看法等等）。我相信男性也一樣，但不滿意的程度或許低一些。

你的自言自語對你的生活各方面——信心、健康、快樂、財富、關係等——都有重大的影響。你的自我肯定要麼對你有利，要麼對你不利，看你如何運用它們。如果你不能自覺地思考與選擇你的自我肯定，你就會因為一再重溫過去的恐懼、不安與缺點而深受影響。

然而，當你積極思考並寫出朝你希望實現的目標及你想成為的那個人邁進的自我肯定內容——並承諾每天複述（最好是大聲唸出來）——時，這些自我肯定會立即在你的潛意識心態中留下深刻的印象。你的自我肯定會轉化你的思想與感覺，使你克服那些侷限你的信念和行為，以有助於你成功的信念和行為取代它。

## 自我肯定改變了我的人生

我第一次在現實生活中接觸到自我肯定的力量，是和我成就最高的朋友之一麥特・芮科（Matt Recore）住在一起那段時間。幾乎每天，我都聽見麥特在浴室內淋浴時大吼大叫。剛開始我以為他在叫我，便走到他的房門口，不料卻發現他吼叫的內容是：

「我掌握我的命運！我值得成功！我要把今天該做的事做好，達成我的目標，創造我夢想的人生！」怪胎一個。我當時心想。

後來我再一次見識到自我肯定是在熱門電視節目〈週末夜現場〉播出的一段一九九〇年代收視率頗高的模仿秀，艾爾・弗蘭肯（Al Franken）飾演的史都華・史馬利經常對著鏡子自言自語：「我真的很好，我真的很聰明，而且人人都喜歡我！」害我一直以為自我肯定是一種鬧劇。但麥特心裡有數。麥特是東尼・羅賓斯的學生，他長年利用自我肯定和真言創造出超越一般的成就，擁有五棟房屋，成為國內知名的網路工程師（全都在二十五歲以前實現）。我早該想到麥特知道他自己在做什麼，但那時候我不過是向他承租一個房間的無名小子。遺憾的是，我又過了好些年才明白肯定自己是轉化人生最有效的方法之一。

我第一次親自體驗自我肯定是在我讀了拿破崙・希爾的暢銷書《思考致富》之後（順便一提，我強力推薦這本書）。雖然我懷疑反覆的肯定自己真的能強烈影響我的人生，但我想不妨試試看。如果它對麥特有效，或許對我也有效。於是我選擇將目標放在車禍後我的腦部受重傷的後遺症——我的記憶力很差——一個自我侷限的信念。

假如你讀過我的第一本書《撞出生命的火花！》，你就知道我在車禍之後，幾乎連短暫的記憶力都沒有。這個後遺症常鬧出許多笑話。因為記性太差，朋友與家人在醫院陪了我幾個鐘頭之後，出去吃個午飯再回來時，我會熱烈招呼他們，彷彿我們已有多年不見。

面對這樣一個因腦部受傷造成的身體機能限制，使我不斷鞏固「我的記性很差」這個信念。任何時候有人要求我記住或提醒他們某件事，我總是回答：「好啊，但我實在沒辦法——我的腦部受傷，記憶力很差。」

我發生車禍已經七年了，雖然這個信念來自當時的現實，也早該放下它了。我的記憶之所以很差——至少有一部分——或許是因為我沒有努力去相信它可以改善的緣故。誠如亨利・福特所說：「無論你是否認為你能，或你不能，它都是你的權利。」

如果自我肯定能改變被我合理化的自我侷限的信念，它就能改變一切。於是我第一次為自己寫了一段自我肯定的內容：「我要拋棄我的記性很差這個自我侷限的信念。我的大腦是個能夠自癒的神奇器官，我的記憶力可以改善，但憑我如何相信它能改善多少。所以從現在起，我要維持一個矢志不移的信念，相信我有超強的記憶力，而且會越來越好。」

我每天在我的「創造早晨奇蹟」朗讀這段肯定自己的話。但因受到過去的信念影響，我並沒有把握它會有效。結果，在我第一次朗讀我的自我肯定的文字後兩個月，有件事情發生了——過去七年從未發生過——一個朋友請我「記得」第二天要打電話給她，我居然回答：「好的，沒問題。」這句話剛一出口，我立刻瞪大了眼睛，非常興奮！我認為自己記性很差的這個自我限制的信念失去威力了，我已藉著肯定自己，用新的、有力的信念來取代過去的信念，並重新建立我的潛意識心態。

從那時候開始，我相信自我肯定真的有效，不但我的記憶力持續改善，我也在我想改善的各方面肯定自己。我開始利用自我肯定來改善我的健康、財務、關係、整體快樂、信心，並轉變所有需要提升的信念、心態和習慣。現在沒有任何禁區，也沒有任何限制了！

## 你如何建立自己的心態？

我們都在潛意識中設定自己要怎麼想、怎麼相信、怎麼行動。我們的設定是受到許多影響的結果，包括別人告訴我們的、我們告訴自己的，以及我們的所有好的和不好的生活經驗。有些人把自己設定為容易快樂和成功，有些人——也許占大部分——則把自己設定成人生是艱難的。

所以，壞消息是：假如我們不積極改變我們的設定，我們的潛力就會遭到扼殺，我們的人生會被恐懼、不安及舊習性所限制。我們必須停止把注意力集中在我們做錯什麼事，當我們犯錯時便一再苛責自己，使自己感到愧疚、不合適、不值得擁有我們真正想要的成就，因而把我們自己設定為過著平凡的一生。

好消息是：我們的設定隨時都能改變或改善。我們可以重新設定自己的心態去克服所有的恐懼、不安、壞習慣，以及目前任何自我侷限、扼殺潛力的信念和行為，使我們在我們選擇的任何方面都能如願成功。

你可以利用自我肯定開始設定自己做任何事都充滿信心並能獲得成功。方法很簡單，只要一再告訴自己你想成為什麼樣的人，你想成就什麼，以及你要如何完成它。不斷地重複，你的潛意識就會開始相信你告訴它的話，並照著去做，最後體現在現實中。

把你的自我肯定寫下來，根據它來選擇你的新的設定，藉著一再肯定，推動你朝你渴望的狀況或心態去努力。不斷重複肯定就能使你的心去接受它，然後改變你的思想、信念和行為。既然要選擇與建立你的自我肯定，你就可以構思它的內容來幫助你建立你想要、而且必須成功的思想、信念和行為。

## 協助你構思自我肯定內容的五個簡單步驟

這裡有五個簡單的步驟可以協助你構思你的自我肯定。你也可以上網免費下載「創造早晨奇蹟」的自我肯定範例：

### 第一步：你真正想要什麼

自我肯定的目的，是為了讓你的心相信，你的信念、態度、行為／習慣可以強烈吸引、創造、維持你人生各方面的理想成就——滿分的成就——從而建立你的心態。因此，你的自我肯定首先必須清楚表達你想要的理想人生。

你可以針對你想集中心力改善的那方面，例如：健康／健身、心態、情感、財務、關係、心靈等來寫你的自我肯定。要寫得清楚詳細，表達你真正渴望的各方面的理想願景和你夢想的人生。

## 第二步：你為什麼想要

我的朋友Rising Stock, Inc.總裁亞當・史托克（Adam Stock）有一次告訴我：「智者每事必問。」人人都想要快樂、健康與成功，但想要不是成功的最有效策略。那些克服平庸的誘惑、獲得他們渴望的人生的人，背後都有個強烈的「為什麼」在驅策他們。他們有一個明確的人生目的，一個比他們的瑣碎問題和他們無可避免的障礙加起來更強大的人生目的，而且他們每天醒來都朝這個目的在努力。

你想要的這些東西，包括隱藏在心底的「為什麼」，對你而言都十分重要。明明白白知道你內心深處的「為什麼」，你才會有一個任何情況下都不會放棄的終極目的。

## 第三步：下決心成為那個成功的你

如同我的第一個教練傑夫・蘇耶（Jeff Sooey）所說，這是真相揭曉的時刻。換句話說，只有在你變得更好之後你才會有更好的人生；只有當你投資無數時間使自己進步之後，你的外在世界才會改善。成為（你必須成為的那個人）和做（你必須做的事）是擁有你想要的一切的先決條件。為了使你的生活、事業、健康、婚姻等各方面都提升到另一個層次，你要清楚明白地知道你必須成為什麼樣的人和下決心做什麼事。

**第四步：你要下決心做什麼才能成功**

你必須持之以恆地採取什麼行動才能實現你理想的人生願景？你想減重嗎？那麼你的自我肯定也許像這樣：我百分之百決心（承諾）一個星期去健身房五天，每次至少走二十分鐘跑步機。如果你是業務員，你的自我肯定也許是：我決心每天打二十通電話給那些有潛力的顧客，從早晨八點到晚上九點。你的行動越具體越好。一定要把次數（多久一次）、數量（多少個），和確切的時間（什麼時候開始行動，什麼時候結束行動）都寫進去。

剛開始時絕對不能貪多。如果你從向來不去健身房運動，到每個星期去五天、每次走二十分鐘跑步機，這就是一大步。以你能勝任的方式去做十分重要。從小小的成功開始一路走去，你會覺得很愉快，不會因為目標訂得太高而打退堂鼓。你可以設定自己的理想目標。先寫下一天或一週的目標，再來決定什麼時候提高目標。譬如：你先把目標訂為一週去兩天健身房，每次走二十分鐘跑步機，等幾個星期過去，成功達成目標後，你再將目標調高為一週去三天，每次走二十分鐘跑步機。

**第五步：善加利用能激勵你的語錄和哲理**

我總是在尋找我能用來自我肯定的語錄與哲理。例如，我有一段自我肯定是從馬歇爾・葛史密斯（Marshal Goldsmith）的著作《UP學》（What Got You Here Won't Get You There）中摘錄的。它說：「一流的影響力是使一個人真正感受到他或她是世上最重要的人。這也是比爾‧柯林頓、歐普拉‧溫芙蕾和布魯斯‧古德曼成為他們領域中的佼佼者所採用的技巧之一。我也將它運用在我接觸的每一個人身上！」

另一段話是這樣的：「聽從提摩西‧費里斯的忠告：想要產能最大化，必須規劃三至五小時的時段或半天時間，全神貫注在一個行動或計畫上，不要每隔六十分鐘就換一個任務。」

任何時候你看到或聽到能激勵你的語錄，或偶然發現強而有力的理念或策略時，你要這樣想：「哇，我這方面得大大地改進。」然後把它節錄在你的自我肯定中。每天都專注在這些思想上，你會開始將這些有力的哲思與策略融入你的思維與生活模式中，從而改善你的成果和生命品質。

## 有關自我肯定的最後幾句話

- 為了使你的自我肯定更能發揮效用，你在朗讀它時最好能注入感情。心不在焉地一遍又一遍複誦一個句子，沒有去體會它的真實性，它是不可能影響你的。你必須承擔責任，在內心生起真實的情感，然後將這些情感強烈地灌注在你對自己複述的每一句自我肯定中。把它當成一件開心的事。如果你對一句肯定的話感到興奮，手舞足蹈或爬到屋頂上大吼大叫也無妨。
- 在複述自我肯定的內容時，如果加上一點肢體動作也會有好處。譬如，你在複誦時可以站著、深呼吸、手握拳頭，或運動。將肢體動作與自我肯定結合是控制身心連結能力的一種很好的方式。

● 切記，你的自我肯定不可能是「終點」，因為你要不斷地更新它。你在持續學習、成長、進步之際，你的自我肯定也要隨之改變。當你有了一個新的目標、夢想、習慣，或想法時，你要把它融入你的生活，應用在你的自我肯定中。或者當你已完成一個目標，或將一個新的習慣完全融入你的生活時，你可能會發現你不再需要每天把注意力集中在它身上了，這時你就可以選擇將它從你的自我肯定中移除。

● 最後，你必須持續每天複誦你的自我肯定。是的，你要每天複誦它們。偶爾唸一遍，效果就和偶爾鍛鍊一下身體一樣。除非你讓它成為你的日常作息，否則看不到明顯的成效。這是《上班前的關鍵1小時》第九章要闡述的主要內容——將「挽救人生六法」養成一種習慣，你才能做得毫不費力。

● 還有一點要注意的：閱讀本書——或任何一本書——都是對你自己的一個肯定。任何能夠影響你的思想的東西都是一種自我肯定。當你持之以恆地閱讀積極自我提升的書籍與文章時，你就是在利用這些能幫助你創造成功的思想與信念來建立你的心態。

**請連結 www.miraclemorning.com網站：**

- 你可以在這裡取得協助來撰寫與修改你的自我肯定……
- 參考我本人的自我肯定範例……
- 參考並下載強效的「創造早晨奇蹟」自我肯定範例。它的範圍很廣泛，從減重、改善你的人際關係、增強活力、培養非凡的自信、賺更多錢、克服抑鬱，以及其他更多……

# V 觀想

平凡人只相信可能，卓越的人不會去看可能或者有可能。他們會觀想不可能，而從中看到可能。

——雪莉・卡特－史考特（Cherie Carter-Scott）

不要只看到事物的表面，要把它們看成你將擁有它們。

——羅伯特・柯里爾（Robert Collier）

「觀想」（Visualization），又稱「有創造力的想像」（creative visualization），或「內心的演練」（mental rehearsal），指的是利用想像力，在內心建立你希望在你的生命中發生的特定行為與結果的圖像，然後朝那個方向去努力，使它在你的外在世界產生正面的結果。運動員經常利用觀想來提升他們的表現。它是一種想像的過程，想像你要達成的目標，然後在內心演練你必須去做、去實現，或去達到的一切。

許多高成就者，包括一些社會名流，都大力提倡觀想，宣稱觀想在他們的成就上扮演重要的角色。這些名人包括：比爾・蓋茲、阿諾・史瓦辛格、安東尼・羅賓斯、老虎・伍茲、威爾史密斯、金凱瑞，以及舉世無雙的歐普拉。（嗯……歐普拉之所以成為全球最成功的女性之一，不知道是否和她修習挽救人生六法有關？）

老虎・伍茲被譽為有史以來最偉大的高爾夫球手，他就是以觀想的方式在內心演練他在每一洞的完美揮桿而聞名。另一位世界高爾夫球冠軍傑克・尼克勞斯也曾經說：「我每一次揮桿，即使是在練習，都必定在腦子裡先有一個非常清晰的聚焦畫面。」

威爾・史密斯說過，他利用觀想來克服挑戰，並且在他真正成功之前的許多年便開始觀想他會成功。另一個著名的實例是演員金・凱瑞，他在一九八七年給自己開了一張面額一千萬美元的支票，兌現日期是「一九九五年感恩節」，並且在備註欄註明「演出所得」。他如是觀想了若干年，一九九四年果然以演出《阿呆與阿瓜》獲得千萬片酬。

## 你觀想什麼？

大部分人的視野都受他們的過去所限制，而且會一再回憶過去的失敗與心碎。但「有創造力的想像」使你得以構築自己的願景來占據你的心，而確保你持之以恆不斷向上的動力就是你的未來——不可抗拒的、強烈的、無可限量的未來。

我要在這裡簡單介紹一下我如何觀想——你自己可以依著以下三個簡單的步驟去觀想——每天早晨複誦我的自我肯定後，我會坐在客廳沙發上，挺起上身，閉上眼睛，做幾次緩慢的深呼吸。接下來五分鐘，我觀想自己度過理想的一天，輕鬆、自信、愉快地做我該做的事。

例如，我寫這本書的那幾個月期間（開玩笑的，它花了我好幾年時間才完成），我會先觀想自己寫得很輕鬆，很享受那種創作過程，毫無壓力、恐懼及寫作障礙。我還觀想最後的成果——許多人閱讀這本書，喜愛它，並推薦給他們的朋友。觀想寫作的過程是喜悅的，沒有壓力與恐懼，它能激勵我採取行動，克服拖拖拉拉的缺點。

## 「創造早晨奇蹟」三個簡單的觀想步驟

複誦你的自我肯定——利用這段時間清楚表達，並全神貫注在你必須提升的下一個人生目標——之後，就要觀想自己過著和你的自我肯定一致的生活。

**第一步：準備工作**

有的人喜歡在觀想時播放樂器演奏曲——如古典音樂或巴洛克樂曲（作曲家巴哈的音樂）——當背景音樂。如果你喜歡演奏曲，最好把音量調低。

現在，以舒適的坐姿挺起上身。你可以坐在椅子、沙發或地板上。

深呼吸。

閉上眼睛，摒除雜念，準備開始觀想。

**第二步：觀想你真正想要的**

許多人在觀想成功時會感到不自在，甚至害怕成功。有些人或許會感覺對這部分產生抗拒；有些人甚至擔心一旦他們成功，就會把其他百分之九十五的人拋在後面，為此而產生罪惡感。

下面引述瑪麗安娜‧威廉森（Marianne Williamson）在她的著作《發現真愛》（A Return To Love）中所寫的一段名言，或許可以使那些在觀想時產生心理或情緒障礙的人得到一點共鳴。這段話是這樣的：「我們最深的恐懼不是我們的能力不足。我們最深的恐懼是我們的能力大到超乎想像。我們害怕的是我們自己的光芒，而不是我們的幽微。我們捫心自問，為什麼我可以聰明、美麗、才華洋溢、出類拔萃？但事實上，為什麼不是你？你是神的孩子，你的自我貶抑對這個世界毫無意義。縮小自己好讓四周的人不會感到不安是毫無裨益的。我們應該發光發亮，像兒童那樣。我們生來就是要彰顯我們內在的神的榮光，它不是少部分人才具備；它存在每一個人身上。當我們讓自己的光芒閃耀時，我們也在無形中允許其他人散發光芒。當我們從自身的恐懼解脫時，我們的存在自然而然也使他人獲得解脫。」

我們能送給我們心愛的人的最好禮物就是充分發揮我們的潛力。你的看法呢？你真正想要什麼？不要管什麼邏輯、限制和務實，假如你能擁有你想要的任何東西，做你想做的任何事，成為任何你想成為的那個人——你會想要什麼？你會做什麼？你會成為什麼人？

你要觀想最高的目標、最強烈的欲求，以及最興奮的、「如果能實現就能徹底改變我的人生」的夢想。明白嗎？要細細地去感受、去聆聽、去品味、去嗅你的願景，用你所有的感官使你的想像發揮到極致，你的想像越生動就越能刺激你採取必要的行動去實現它。

現在趕快直奔你的未來，看你自己實現理想的成果。你可以觀想較近的未來——一天結束時——也可以觀想更遠的未來，如同我在寫這本書時，我會觀想人們閱讀它、喜愛它、將它推薦給朋友。重點是你要去看你自己完成你想完成的事，並去體驗你在努力實踐與達成目標的過程是多麼美妙。

## 第三步：觀想你必須成為什麼人和必須做什麼事

一旦在內心建立起你想要什麼的清晰畫面，你就要開始觀想自己過著和你想成為的那個人完全一致的生活。你要看到自己在做每天都必須積極去做的事（運動、讀書、工作、寫作、打電話、發送電子郵件等等），還要看到自己享受努力工作的過程；看到你自己在跑步機上運動時面帶微笑，為自己能過著自我約束的生活而感到驕傲。想像你臉上帶著堅定的表情充滿自信、持之以恆地打電話給客戶、寫報表，或者終於對你延宕了許久的計畫採取行動，並獲得進展。觀想你的同事、顧客、家人、朋友及配偶看到你的積極態度與樂觀的前景之後的欣慰反應。

## 有關觀想的最後幾句話

除了每天早晨宣讀你的自我肯定之外，每天做這個簡單的觀想動作，能在你的潛意識中強力而快速地灌注成功的心態。你會開始過朝你的理想願景去努力的生活並實現你的夢想。

有些專家相信，觀想你的目標能將你的願景吸引到你的生命中。無論你是否相信這個「吸引力定律」，它都可以實際應用在觀想上。當你觀想你想要的東西時，你會激起昂揚的情緒，向你的願景靠近。你觀想得越清晰，你就越能強烈感受到將來達成目標後的感覺，實現這個可能性的感覺也越真實。

你每天觀想，就是在使你的思想與感覺和你的願景一致，這樣能使你更容易保持動力，持之以恆地採取必要的行動。觀想能幫助你強力克服自我設限的習性——例如拖延——而採取必要的行動去達成你的目標。

我建議剛開始時觀想五分鐘即可，但我會在下一章〈六分鐘創造早晨奇蹟〉中教你如何每天只要觀想一分鐘就能得到大大的好處。

## 製作你的願景板（非強制性）

暢銷書《秘密》和根據原著拍攝的同名電影中都有提到願景板。所謂願景板其實就是一張海報，上面貼著你想擁有的物品、你想成為什麼人、你想做什麼、你想住在什麼地方等等的圖片。

製作願景板是個有趣的活動，你可以自己做，或者找個朋友，或者和重要的另一半、甚至你的孩子一起做。它給你一個有形的東西讓你在觀想時能更專注。如果你還想要更詳細的指導，克莉絲汀・凱恩（Christine Kane）有一個很棒的部落格〈如何製作願景板〉（How To Make A Vision Board），以及免費下載的電子書《願景板全指南》（The Complete Guide To Vision Boards），你可以在她的網站www.christinekane.com找到這些好用的資料。

記住，雖然製作願景板是件有趣的事，但假如不採取實際行動，你的人生不會有任何改變。我非常贊同醫學博士尼爾・法柏（Neil Farber）在psychologytoday.com網站上所寫的一篇文章中的一句話：「願景板是用來作夢，行動板是用來實現夢想。」你每天凝視你的願景板或許可以強化你的動機，協助你專注在你的目標上，但你必須知道，唯有採取必要的行動才能使你真正獲得成功。

## E 運動

如果你不花時間運動，你可能得花時間生病。

——羅賓・夏瑪

大部分人唯一的運動是妄下結論、傷害朋友、規避責任、給自己帶來危險。

——無名氏

早晨的運動應該是你主要的日常作息之一。即使你每天只運動幾分鐘，也能大大增加你的活力、促進健康、增強自信心與幸福感，並且能使你更清晰地思考與更專注。你會因為太忙碌而沒有時間運動嗎？下一章我會教你如何每天健身——只要花六十秒鐘。

我最近看了一段個人成長專家及白手起家的千萬富豪企業家埃本・派根（Eben Pagan）令人大開眼界的影片。他在片中接受暢銷作家東尼・羅賓斯的訪問：「埃本，你成功的第一關鍵是什麼？」當然，我對埃本的回答大受鼓舞，他說：「每天一早開始做個人成長的每日作息，這是成功的最重要關鍵。」接著他繼續談晨間運動的重要性。

埃本說：「每天早晨，你要讓你的心跳加速、血液流通，讓你的肺臟充滿空氣。」又說：「不要只是在一天結束時或中午時間運動。就算你喜歡在那些時候運動，你也應該在早晨做十至二十分鐘的跳躍運動或有氧運動。」

晨間運動的好處多到容易使人忽略。從讓你清醒、腦筋更清晰，到幫助你維持一整天的高能量，早晨起床後運動能多方面改善你的人生。

無論你是上健身房、散步或跑步，做P90X瘦身鍛鍊，或在家跟著「瘋狂健身DVD」（Insanity DVD）健身，你想在任何時間運動都行，但我想在這裡分享幾個建議。

## 會見獨一無二的……妲夏瑪

談到瑜伽（或者和瑜伽有關的運動）就不能不提到我的朋友妲夏瑪（Dashama）。幾年前，她的一個學生向我推薦她，說她是世界知名的瑜伽老師。妲夏瑪是我所見過最真誠、最有靈性、最務實、最有效率的全方位瑜伽老師。我請她分享她對瑜伽優點的獨到看法。

瑜伽是一種可應用在身、心、靈、情緒等人生各方面的多面向科學。哈爾請我為他這本書提供一點對瑜伽的簡介，我認為它和《上班前的關鍵1小時》不謀而合。我從個人的經驗知道，瑜伽能幫助你在你的人生中創造奇蹟。我親身經歷過，也從全球各地我指導過的無數學生身上看到見證。

有一點很重要的是，瑜伽可以有許多表現方式。無論是靜坐冥想、藉著深呼吸擴大肺活量，或身體向後仰舒展心臟，有許多方法都可以在你的人生各方面協助你。關鍵是當你需要一種療法時，你要學習哪一種對應的瑜伽，利用它來使你獲得身心平衡。

全面的瑜伽練習能在許多方面強化你的人生。它可以治癒內分泌失調，也可以打通全身鬱積的能量，騰出空間供新的體液流動和血液與能量的循環。我鼓勵你傾聽你的身體，等你覺得你已準備好時再試著做其他的瑜伽動作。多學一點，參考瑜伽指導影片。你也可以到我的網站www.pranashama.com看看。

祝福你，愛你

妲夏瑪

## 有關運動的最後幾句話

你知道如果你想維持良好的健康、增強活力，你就必須持續運動。這一點任何人都知道。但我們又很容易找藉口不運動，其中兩個最常被用到的藉口是：「我沒有時間」和「我太累」。你能想到的藉口多得不可勝數。你越有創意，你能想到的藉口就越多，對吧？

這就是在你的創造奇蹟的早晨運動的美妙之處；它讓你在忙碌了一天筋疲力盡之

前、在你有機會感到倦怠之前、在你一整天想盡辦法找藉口不運動之前讓你可以運動。創造奇蹟的早晨確實是一種避免種種藉口、養成每天運動的習慣的萬全辦法（我會在第九章〈從難以忍受到停不下來〉中進一步詳述如何在你的生活中養成習慣、提升你未來的生活品質的簡易方法）。

法律免責聲明：希望這是多餘的，但你在開始培養任何運動習慣之前，應該先和你的醫生討論，特別是如果你有任何身體上的疼痛、不舒服、痼疾等問題，你可能需要調整，甚至減輕你的運動量來配合你的需求。

# R 閱讀

不閱讀的人不會比不識字的人更占優勢。

——馬克・吐溫

閱讀有益人心，如同運動有益身體和禱告有益心靈一樣。我們讀什麼書就成為什麼人。

——馬修・凱利

挽救人生六法中的第五個方法閱讀（Reading）是轉化人生最快的捷徑。你想實現夢想中的滿分成就所需的知識、理念和策略，都可以從閱讀快速取得。

重點是你要向專家——你想做的他們已經都做了的過來人——學習，不要自作主張。獲得你想要的一切最快的方式是以成功者為榜樣。坊間有大量各方面的書籍很容易取得，你可以從每天的閱讀獲得無限的知識寶藏。

我最近聽一個人用嘲諷的語氣說：「啊，我不讀『自助書籍』。」彷彿閱讀這類書籍有失他的身分。真是可憐的傢伙。我不知道這是他的自我在作祟，或者他無知，但他的確錯失了從世上一些最聰明、最成功的人身上獲得無限的知識、無邊的成長及改變人生思想的良機。

無論你想要什麼樣的人生，你都可以從浩瀚的書海中取得。想要財富、想發財、想成為百萬富翁嗎？那些已經富可敵國的有錢人會教你如何成功。這裡提供一些我最喜愛的書目：

- 《百萬富翁快車道》（The Millionaire Fastlane），作者：德馬科（MJ DeMarco）
- 《思考致富》（Think and Grow Rich），作者：拿破崙・希爾（Napoleon Hill）
- 《有錢人想的和你不一樣》（Secrets of the Millionaire Mind），作者：T. 哈福・艾克（T. Harv Eker）
- 《財富大改造》（Total Money Makeover），作者：大衛・藍西（Dave Ramsey）

想創造一種美好、充滿愛與支持及浪漫的兩性關係嗎？目前市面上有關這方面的書籍比過去十年多更多，以下是我最喜愛的幾本書：

- 《愛的五種語言》（The Five Love Languages），作者：蓋瑞・巧門（Gary D. Chapman）
- 《遇見心靈伴侶》（The SoulMate Experience），作者：裘・鄧恩（Jo Dunn）
- 《幸福婚姻七守則》（The Seven Principles For Making a Marriage Work），作者：約翰・高特曼（John M. Gottman）、娜恩・希爾弗（Nan Silver）

無論你是否想轉化你的人際關係、增強自信心、改善溝通或說服他人的技巧、學習如何致富，或改善人生的各方面，請你直接走到你家附近的書店——或者像我一樣，直接上亞馬遜網站——你一定能找到一堆改善人生各方面的相關書籍。對於那些想把碳排放量減到最低或想省錢的人，我建議利用你家附近的公共圖書館，或到我最愛的網站www.paperbackswap.com，包君滿意。

如果你想要有一份完整的、我最愛的個人成長書單——包括那些影響我最大、為我帶來許多快樂的書籍——請上www.miraclemorning.com網站點閱「Recommended Reading」提供的書單。

## 應該讀多少？

我建議每天堅持至少讀十頁（假如你的閱讀速度較慢，或者還不是那麼喜歡閱讀，也可以從每天五頁開始，再慢慢增加）。我們先來做點算數：每天讀十頁不會太費力，但會讓你養成習慣。我們只談閱讀十分鐘至十五分鐘，如果你讀慢一點，也許十五分鐘至三十分鐘。

我們這樣看，假如將它量化，一天只讀十頁，一年就是三千六百五十頁，以一本二百頁的個人成長/自我提升的書籍來算，大約是十八本書了！我請問你，如果你在未來一年內閱讀十八本個人成長書籍，你會感到你更有知識，能力與信心都更增強——一個新的、進步的你嗎？那是肯定的！

## 有關閱讀的最後幾句話

●要有目的的閱讀。每天閱讀之前先問自己為什麼要讀這本書——你想從這本書得到什麼——然後牢牢記住你的目的。現在就花一點時間問自己，你想從閱讀這本書得到什麼，你有下決心要讀完它嗎？更重要的，你決心遵循《上班前的關鍵1小時》，將你所學的付諸行動嗎？

●許多人在他們的創造奇蹟的早晨利用閱讀時間讀他們的宗教典籍，如《聖經》、《妥拉》（希伯來聖經）或其他任何經典。

●希望你接受我給的建議，在這本書的字裡行間標線、畫圈、用色筆強調、摺角，在空白處寫上心得。為了充分利用我讀過的每一本書，並為了方便找出日後想再重溫的字句，我會在我也許會想再重讀的地方畫線、畫圈圈，並寫上心得，提醒自己為什麼強調那個段落（當然，圖書館的書籍例外）。邊讀邊做記號讓我隨時都可以回頭重溫所有重要的學習、觀念和好處，而不需要從頭讀起或一頁一頁翻找。

●我強力建議重讀一些優良的個人成長書籍。我們不太能夠只讀一遍就將該書的所有價值全部內化在我們心中。想在任何方面做到融會貫通需要不斷重複練習——

一遍又一遍接觸某些觀念、策略或技巧，直到熟練，烙印在你的潛意識中為止。譬如，假如你想成為空手道高手，你不會在學過一次空手道後就認為「我是高手」了。不，你要學習它的技巧，不斷練習，然後再回去向你的老師請教，再繼續練個千百次以後才能熟練地掌握一個技巧。改善你的人生也一樣需要熟練的技巧。重讀一本你已知道它能改善你的人生策略的書，比你先熟知這些策略後再去讀一本新書更重要。每當我閱讀一本我知道能影響我生命的書時，一旦讀過一遍之後，我都會立即再重讀這本書（至少重讀我畫線、畫圈圈、用色筆標記的地方）。我會在我的書架上刻意空出一個地方存放我想再重溫的書籍。《思考致富》這本書我已讀過三遍，一年到頭還時常拿下來翻閱。重讀必須自己規定自己，因為讀一本以前沒讀過的新書，一般說來會比較「有趣」。但重讀容易使人感到無聊或乏味（所以很少人能成為「大師」），但正因為這樣我們才更應該去做——去培養一種更高標的自律。因此，你何不從本書開始練習？下決心在讀過一遍之後又立即重讀，加深你的學習，也讓你有更多時間去熟悉「創造早晨奇蹟」。

## S 書寫

無論寫什麼，把你心中想說的話寫在紙上是一種無須花費的治療。

——黛安娜・拉布（Diana Raab）

隨時隨地都有念頭出現，問題是，把它們寫在心中，墨跡很快就褪色了。

——羅夫・史密斯（Rolf smith）

書寫（Scribing）是「挽救人生六法」中的最後一個方法，為了配合Life S.A.V.E.R.S.的字意，所以我沒有以writing這個字來代表書寫。感謝《詞典》。

### 寫日記

我最喜愛的書寫方式是寫日記，我每天在創造奇蹟的早晨用五分鐘時間寫日記。將腦子裡的想法用文字記錄下來，你會看到重要的概念。「創造早晨奇蹟」的書寫部分能讓你記錄你的見解、觀念、突破、領悟、成功、你得到的教訓，以及任何方面的機會、個人成長或進步。

我雖然很早就知道寫日記有許多好處——若干年來也曾嘗試過幾次寫日記——但始

終沒有恆心，因為我沒有把它養成每天的習慣。我雖然把日記本擺在床頭，但深夜回到家時，十有九次我會藉口我很累而不寫。我的日記本大多是空白的。儘管我的書架上已有許多空白的日記本，但我還是常給自己再買一本新的——更貴的——以為如果花很多錢買它，我一定會寫。聽起來很有道理，不是嗎？不幸的是，我的策略始終沒有奏效。幾年過去了，我累積越來越多、越來越貴的日記本，但依舊是空白的。

那是在「創造早晨奇蹟」之前，但從第一天起，「創造早晨奇蹟」給了我時間與周詳的安排讓我可以每天寫日記，這件事很快便成為我最喜愛的習慣。我現在可以告訴你，寫日記已成為我這一生最欣慰、最能帶來滿足感的必修課。我不僅從每天有意識地引導我的思想並將它訴諸文字，從中獲得許多利益，後來——尤其是過了一年之後——又因為將這些日記從頭到尾再閱讀一遍而得到更多的助益。你很難用言語形容回頭再重溫日記的巨大好處，但我會盡力。

## 第一次重溫日記

我在「創造早晨奇蹟」開始寫日記，一年以後，同年的十二月三十一日，我從第一頁開始重溫我在那一年所寫的日記。我反省並回顧那一整年，重新檢視每一天的心態，看到自己在那一整年中如何成長。我重新檢討我的行動、行為和進步，對自己在過去一年中完成多少任務而再一次心存感激。更重要的，我又再度回憶起我所得到的教訓，其中有許多經過一年的時間早已忘記了。

**感恩2.0**。我還體會到一種更深刻的感恩——過去從未體會過的，並且在兩個不同的層面上——我稱它為我的第一次「回到未來」，試著去追尋現在的我（並且讓自己奔馳在想像中，幻想自己是電影中的主角馬帝・麥佛萊，從那部一九八五年的DeLorean夢幻車走出來）。當我閱讀過去的日記時，現在的我（同時也是我寫這些日記時的未來的我）又再度回顧這一年來我在日記中感恩的所有人物、經驗、教訓與成就。當我在那一刻重新體驗過去的感恩時，同時也對現在的我可以這樣一路走來而心存感激。這是一種不可思議、而且有點超現實的體驗。

**加速成長**。接著，我利用重溫日記所得到的最高價值。我拿出一張白紙，在中間畫一條直線，然後在直線兩旁的頂端各寫下一個標題：「學到的教訓」及「新的承諾」。我在重溫日記時，又回想起許多有價值的教訓。

這種回憶過去的教訓和許下新承諾的過程，比其他任何東西更有助於我的個人成長與發展。

寫日記雖然有許多好處，但除了前面提到過的之外，這裡還有幾個我最喜愛的益處：

- **思路更清晰**——把一些事情寫下來能強迫我們想得更透徹、更明白。寫日記能使你的思路更清晰，有助於腦力激盪、解決問題。
- **記錄你的想法**——寫日記不但能幫助你擴大你的想法，同時還可以防止你遺忘可能在未來採取行動的重要點子。

● **檢討教訓**——它可以讓你檢討你所得到的教訓。

● **了解你的進步**——重讀你在一年前寫的日記，看到你有多少進步，是一件快樂的事。這是一種最有力、最能激發信心、最享受的經驗。任何其他方法都無法複製。

## 關注落差：對你有害還是有利？

本章開始時我們談到利用挽救人生六法來消除你的「潛能落差」。人很容易受到我所謂的關注落差的制約。我們會去關注我們在人生現階段的成就和我們理想中的成就之間的落差；會去關注我們已完成的和應該可以完成或想完成的目標之間的落差；會去關注現在的我和我們相信我們可以成為的那個理想願景中的我之間的落差。

問題是，經常關注落差對我們的信心和自我形象是有害的，會使我們覺得我們擁有的不夠多，成就不足，我們不夠好，或至少沒有「應該」的那麼好。

高成就的人這種問題最嚴重，他們會經常忽略或漠視他們的成就，為他們所犯的每一個微小的錯誤和不完美而自責，不覺得他們所做的已經夠好了。

諷刺的是，成就高的人之所以成就高，關注落差也扮演著重要的角色。他們想消除差距的欲望永不滿足，這正是促使他們追求完美和不時鞭策自己達成目標的動力。如果是出於正面、積極的「我下決心並樂於充分發揮我的潛力」的認知，不會覺得他做得不夠好，那麼關注落差就是健康有益的。遺憾的是很少人這樣。一般人，甚至包括一般高成就者，都傾向從負面去關注他們的潛能落差。

那些成就最高的人——身心平衡，致力於在人生各方面都獲得滿分成就的人——都格外為他們所擁有的而心存感恩，常為他們的成就感謝自己，在人生各階段都保持心平氣和。這是一種勇於奮鬥的概念：眼前我盡最大能力去做，同時相信我可以做得更好。這種平衡的自我評價一方面可以防止不足——覺得自己沒有成為或擁有他想要的一切，或做得不夠多、不夠好——一方面可以使他們繼續不斷努力，消除他們在人生各方面的潛能落差。

一般而言，當一天、一週、一個月，或一年結束時，我們往往會有關注落差的現象發生，幾乎很難對我們自己和我們的進步有正確的評估。譬如，假如你這一天有十件事要做，即便你已完成六件，你對落差的關注仍然會使你感覺你沒有把想做的事做好。

大部分人一天當中會做數十件、甚至數百件對的事，少數幾件錯的事，你想他們會記得哪些事並一直記掛在心裡？如果能把心專注在你做對的那一百件事上，不是比較合理嗎？相信這樣肯定會比較快樂。

這和寫日記又有什麼關係？每天寫日記，以一種有規劃、有策略的方式寫日記（下面會再詳述）去引導你專注在你的成果、你的感恩，以及決心明天要做得更好的承諾，這樣你就更可以享受你的每一天，對你每一天的進步心生歡喜，腦筋更清楚地提升你的成就。

## 有效的日記

這裡有三個協助你開始寫日記，或改善你目前的書寫方式的簡單步驟。

**1.第一步：選擇一種書寫格式——數位式或傳統式。**你要先決定使用傳統的橫線實體日記，或數位日記（例如：使用電腦，或利用你的手機或平板電腦下載應用程式）。兩種格式都各有優缺點（等一下會說明），但主要還是依你個人的偏好。你喜歡用手寫，還是喜歡打字。使用什麼格式寫日記是很容易選擇的一件事。

**2.第二步：找一本日記簿。**如果是傳統日記，任何筆記本都可以（你甚至可以用售價九毛九的線圈筆記本），不過既然可能長期使用，不妨買一本品質不錯、耐用又賞心悅目的筆記本，一本不但有橫線，而且印有日期，夠你寫一年三百六十五天的日記簿。我發現有（日期）設計的日記簿比較方便追蹤，這樣萬一漏掉一天或兩天沒寫，很容易就可以從空白頁找到。這時我通常會仔細回憶沒有寫日記的那幾天所發生的事，然後將它補齊。每一年的日記都有日期，可以讓你很容易回顧生命中的任何時刻，體會到我在前面「第一次重溫日記」中提及的好處。我最喜歡有橫線、有日期的日記簿之一是「贏家日記」（The Winners Journal）——www.thewinnersjournal.com——我從二〇〇七年一直使用到二〇〇九年，對它的效益十分滿意。事實上，也是它帶給我靈感去設計並創新《創造早晨奇蹟日記簿》（The

Miracle Morning Journal，現在亞馬遜網站也有售）。你也可以在第三步後面所列舉的網站免費下載「贏家日記」範本。

如果你比較偏愛數位日記，一樣有許多選擇。我最喜愛的日記簿應用程式是「五分鐘日記」（Five-Minute Journal，你可以從www.fiveminutejournal.com網站下載），是非常受歡迎的日記簿應用程式。它會提醒你「我感恩……」，以及「今天最快樂的事……」，十分方便，只要花五分鐘，甚至更短的時間就可以寫好日記。它甚至還有一個「晚上」的選項，供你檢討白天所做的事，甚至可以上傳照片，留下精采的回憶。

同樣的，主要還是看你個人的偏好及你想要的特色。在搜尋引擎打出「網路日記簿」，你就可以有許多選擇。

**3.第三步：決定寫什麼。**生活中的各方面都是寫日記的題材，種類也多到不可勝數。感恩日記、夢想日記、飲食札記、健身札記等等。你可以寫下你的目標、夢想、計畫、家庭、決心、你所學到的教訓，以及你覺得有必要在生活上更專注的其他任何事。我寫日記的方式是多樣性的，從我自己規劃的流程——寫下我感恩的事項、感謝我的成就、明確說出我想改進的地方、規劃決心改善的某些特定行為——到很傳統的寫下當天的摘要。我發現兩種方式都很有價值，能合著用更好。

你可以到www.miraclemorning.com網站免費下載《創造早晨奇蹟日記簿》範本。

## 你想寫書嗎？

根據《今日美國》所做的一項調查，百分之八十二的國人想寫一本書，但阻止他們最大的障礙是什麼？你猜——他們找不出時間。假如你也曾經想過要寫一本書，你就可以利用你的創造奇蹟的早晨去做這件事。事實上，我寫這段文字的時間就是在上午六點三十分，我的創造奇蹟的早晨。

我相信，每個人內心都有一本記錄他自己獨到的價值觀、可以奉獻給世人看的書。我最近就在指導許多客戶如何開始寫（或結束）他們的第一本（或下一本）書，以及如何寫出一本不但可以暢銷（這是一件容易的事），而且會蔚為風潮的書。

我一向喜歡聽別人的故事和他們有心要寫的故事。

## 量身打造「挽救人生六法」

在第八章〈量身打造你的「創造早晨奇蹟」〉中，你將學習如何根據你的生活方式來量身打造屬於你自己的「創造早晨奇蹟」。現在我想分享幾個概念，告訴你如何根據你的時間表與偏好來打造屬於你自己的挽救人生六法。你現在的晨間作息也許只能讓你進行二十分鐘或三十分鐘的「創造早晨奇蹟」，否則你可能需要在週末延長時間。

以下是個很普通的案例，以挽救人生六法來進行六十分鐘的「創造早晨奇蹟」。

**創造早晨奇蹟（六十分鐘）時間分配案例**

**• 挽救人生六法 •**

✓ **靜心**（五分鐘）

✓ **肯定**（五分鐘）

✓ **觀想**（五分鐘）

✓ **運動**（二十分鐘）

✓ **閱讀**（二十分鐘）

✓ **書寫**（五分鐘）

**合計　六十分鐘**

你也可以依照你的偏好調整挽救人生六法的順序。有的人喜歡先運動，這樣可以加速血液流動，讓自己清醒。但你也許寧可留到最後才做，才不至於汗流浹背地進行你的「創造早晨奇蹟」。我個人喜歡先靜默一段時間讓心安靜下來，這樣我可以慢慢清醒，滌清我的思慮，把注意力集中在我的能量與心願上。我把運動留到最後才做，運動完我立刻淋浴，然後展開一天的生活。但這是你的「創造早晨奇蹟」——不是我的——所以你不妨自己實驗不同的順序，看你最喜歡什麼方式。

## 有關挽救人生六法的最後幾句話

任何事情剛開始做都很難，以後才漸漸變得容易。每一個新的經驗都是從不舒服逐漸變得舒服。你對挽救人生六法練習得越久，就越覺得自然。我還記得我的第一次靜坐冥想幾乎成為最後一次，因為我的心像法拉利跑車一樣奔馳，我的念頭像彈子機的小鋼珠一樣失控地橫衝直撞。但現在我愛死了冥想。我雖然稱不上大師，但已能掌握得很熟練。同樣的，我第一次做瑜伽時，覺得自己彷彿一條跳出水面的魚。我不會伸展肌肉，無法做出正確的姿勢，內心感覺既彆扭又不舒服。但，現在瑜伽已成為我最喜愛的運動，我很感激我一直堅持下去。

現在就請你開始練習挽救人生六法，你練習得越多就會對它們越熟悉與自在，等你讀到本書第十章時，你馬上就可以展開你的「創造早晨奇蹟」。假如你還是擔心找不出時間，別急，我已經替你想到了，下一章你就開始學習如何進行一整套「創造早晨奇蹟」——從挽救人生六法獲得充分的利益——而且一天只要花六分鐘。

第七章

# 六分鐘創造早晨奇蹟

我們一方面想要快樂，另一方面也知道做什麼事能為我們帶來快樂，但我們卻不去做。為什麼？答案很簡單，我們太忙，忙著做什麼？忙著想辦法讓自己快樂。

——馬修・凱利

我沒有時間早起。

——無名氏

哦，你很忙？怪了，我還以為只有我很忙。

我知道人們對「創造早晨奇蹟」最普遍的疑慮——或關切——是「它需要花多少時間」。當我第一次大徹大悟，明白我們各方面的成就水平（及潛能發揮）完全受我們個人成長不足（或根本毫無成長）的影響時，我所面臨最大的挑戰就是「找時間」去提升個人成長。

這幾年下來，我不斷研究與分享「創造早晨奇蹟」，已十分了解它必須有彈性，這樣即使是最忙碌的人也能找到時間去進行「創造早晨奇蹟」。這套六分鐘創造早晨奇蹟是專為格外忙碌、時間緊張的你，以及那些飽受生活壓力、不想再給自己增加壓力的人而設計的。

我想我們都同意，投資六分鐘使我們自己成為能夠創造我們夢想中的成就與快樂的那個人，不但合理，而且絕對必要，即便我們有時間上的壓力。幾分鐘之後，當你持續閱讀並發現這六分鐘具有多麼強大的威力（而且能改變生命）時，你一定會很驚訝，並感到欣慰！

想像一下，如果每天早晨起床後的前六分鐘是這樣展開的……

## 第一分鐘……

想像自己早晨醒來時心情平靜，打個呵欠，伸伸懶腰，面帶微笑。你沒有匆匆忙忙展開忙碌的一天——充滿壓力、手足無措——而是在第一分鐘靜靜地坐著，有目的地保持靜心。你安坐，內心平靜、祥和，緩緩深呼吸。你可以說一句感恩的話來感激這一刻，或祈禱上蒼引領你的心。你或許會決定你的第一分鐘要用來靜坐冥想。當你靜坐時，你全神貫注在當下這一刻。你的心是寧靜的，身體是放鬆的，所有的壓力都消失了。你的內心升起更深一層的平和、目標、方向感……

**第二分鐘……**

你拿出你每天要複誦的自我肯定——提醒自己你的潛力無可限量，以及你最重要的當務之急的自我肯定的文字——從頭到尾大聲朗讀一遍。當你專注在你最重要的事項上時會增強你的內在動機；反覆朗讀，提醒你具備無限的潛力，能帶給你信心；重複檢視你的決心、目的和目標，能增強你的動機，使你採取必要的行動去過你真正想要並值得擁有、同時你現在知道這些都有可能實現的人生……

**第三分鐘……**

你閉上眼睛，或者凝視你的願景板，開始觀想。你可以觀想當你達成目標時這些願景是什麼情況，你有什麼感覺。你觀想這一天非常順利，看到你很享受自己的工作，和你的家人或你重要的另一半開懷大笑，並輕鬆地做好打算在這一天完成的工作。你看到你想看到的，感受到你想感受的，體驗到你即將創造的喜悅……

**第四分鐘……**

你花一分鐘時間書寫讓你感恩的事，什麼事讓你感到驕傲，以及你下決心要在這一天完成的事項。你這樣做，就是為你自己建立力量、激勵與自信的心態……

**第五分鐘……**

接下來，你拿出你的勵志書，投入神奇的一分鐘閱讀一、二頁。你學到一個新的觀念，今天可以用來改善你的工作成果或你的人際關係。你還發現一些新的理念，可以改變你的思路、讓你想得更透澈——過得更好……

**第六分鐘……**

最後，你站起來，將最後一分鐘用來運動你的身體。你可以在原地跑步，或原地跳躍，也可以做伏地挺身或仰臥起坐，重點是讓你的心跳加速，產生能量，提高警覺與專注的能力。

假如你這樣利用每天晨起的前六分鐘，你會有什麼感覺？你這一天——甚至這一生——的品質是不是會有所改善？

我不建議你把每天的「創造早晨奇蹟」只侷限在六分鐘，但如同我說，萬一你有時間緊迫的壓力時，「六分鐘創造早晨奇蹟」是一種能加速你的個人成長的有效策略。

第八章

# 量身打造你的「創造早晨奇蹟」

## 配合你的生活方式，實現你最大的目標與夢想

「創造早晨奇蹟」真是不可思議，它使我的腦筋更清晰、更專注，並為我的生活帶來更多能量。最棒的是它可以因人而異，配合每個人的目標與時間表而作調整。以身兼公司負責人及一歲幼兒的母親的我而言，它是我用來反省、禱告、專注在我的目標、夢想、運動及減輕壓力的時間。它也是我用來感恩所有的人、事、物，感恩我生命中所得到的祝福的寶貴時間。我們每個人都一樣，每週都有一百六十八小時；所以，你不妨也開始利用「創造早晨奇蹟」，你將會看到你以前從未發現的生命奇蹟！

——凱蒂・奚尼（Katie Heaney），密蘇里州聖路易「刺蝟集團」（Hedgehog Group）負責人

現在我們已經談到，你在「創造早晨奇蹟」主要是要專注在「挽救人生六法」上，去提升你的個人成長，然而，「創造早晨奇蹟」是百分之百依個人量身打造的，可以因人而異。從你幾點醒來，到你在創造奇蹟的早晨做什麼活動，以及每一種活動要花多少時間、做什麼——這一切都由你自由支配，毫無限制。你可以配合你的生活方式，

比以前更快速達成重要的目標。

下面我將針對吃早餐的時間（以及吃什麼）、如何將你的重要目標與夢想融入「創造早晨奇蹟」，以及週末做什麼、克服拖延的訣竅等，做一個總述。

## 起床活動的時間

這句話乍聽之下也許荒謬，但請相信我，你不一定要在早晨進行「創造早晨奇蹟」。

嗄？

當然，早點起床積極展開一天的生活，那種好處是不容置疑的。但，對某些人來說，他們獨特的日程表與生活型態卻不容許他們早起。那些夜間巡邏員或值大夜班的人，和那些每天晚上九點就寢的人一定有不一樣的起床時間。為顧及不同的人有不同的時間表，因此「創造早晨奇蹟」著重在你只要比你平常的起床時間提早一點（三十分鐘至六十分鐘），這樣你每天就有時間自我成長，轉化你的人生。

## （早餐）什麼時候吃、為什麼吃、吃什麼

讀到這裡，你可能會想「我在創造奇蹟的早晨到底什麼時候吃早餐？」」我會在這

一章談到這一點。除了什麼時候吃之外，你選擇吃什麼甚至更重要，而最重要的恐怕還是你為什麼要這麼吃。

**什麼時候吃**——記住，消化食物是每天消耗最多能量的一個過程。你的食物越豐盛，你給你的身體越多食物去消化，你就越覺得累。因此，我建議你等到「創造早晨奇蹟」活動結束之後再吃早餐。這樣你才能全神貫注修習你的「挽救人生六法」。你的血液會注入你的大腦供你思考，而不是注入你的胃去消化食物。

萬一你覺得你早晨起床後必須先吃點東西，請記得一定要吃少量、清淡、容易消化的食物，例如：新鮮水果或奶昔（下面會再詳述）。

**為什麼吃**——現在我們先來討論你為什麼會去吃你平常吃的食物。當你去超市購物，或從餐廳的菜單點餐時，你是以什麼標準來決定將這些食物送進你的肚子裡？你是純粹根據胃口、口感、方便性來決定？還是根據健康、能量、飲食限制來決定？

大部分人的飲食主要都是根據胃口來決定。如果層次更高一點，會根據我們對這個食物的情感連結來決定。如果你問某個人，「你為什麼要吃那種冰淇淋？你為什麼要喝那種汽水？」或「你為什麼要去超市買炸雞帶回家？」你最可能聽到這樣的回答：「噢，因為我想吃那種冰淇淋！我想喝那種汽水。我現在很想吃炸雞。」所有答覆主要都是根據這些食物所引發的情緒上的享受而決定。以上述的例子，這些人不大可能說出他們的飲食多麼有利於他們的健康，或者能使他們產生多少能量。

我要強調的是：如果我們想要有更多的活力（我們都想），如果我們想過健康少病的生活（我們都想），那麼我們就要重新評估為什麼要吃我們常吃的那些食物，並且——這點非常重要——要像我們重視口味那樣，開始重視我們吃進去的食物對健康的益處，以及會產生什麼結果。我不是說我們應該吃不好吃的食物來換取健康與活力。我的意思是，我們可以兩者兼顧。如果我們想每天都過著活力充沛的生活，充分展現自己的能力，有健康、長壽的生命，我們就必須多吃一些有益健康、能帶給我們能量，同時又美味可口的食物。

**吃什麼**——我們在談吃什麼之前，先花點時間來談飲料。還記得我在前面第五章〈五個防止貪睡的起床策略〉中的第四步是早晨起床後第一件事是先喝一杯水，使你在經過一夜的睡眠之後立刻補充水分，提起精神。接下來，我通常都會先喝一杯「防彈咖啡」（Bulletproof Coffee），之後才開始展開我的「創造早晨奇蹟」。我每天會設定鬧鐘提早十五分鐘起床煮一杯咖啡，這樣才不至於耽誤我每天早晨的作息。

至於吃什麼，營養專家已證實富有生命力的食物，例如新鮮水果與蔬菜，能大量提高你的能量，使注意力集中，改善情緒，促進健康，減少疾病。因此，我研發了一款創造早晨奇蹟「超級精力湯」，將人體需要的所有營養綜合起來打成一大杯清涼的飲品！我說的是完整的蛋白質（所有必需的胺基酸、防止老化的抗氧化物質）、不可或缺的Omega 3脂肪酸（提高免疫力、心血管健康及腦力），外加多種維生素與礦物質……這些都還只是前奏，我還沒提到那些「超級食物」，例如：可以提高情緒、使人心情變好的可可（製造巧克力的原料可可豆）中所含的植物營養素、能維持體力的瑪卡

（Maca，南美安第斯山脈居民普遍食用的一種補品，具有平衡荷爾蒙的功效），以及能增強免疫力、補充營養，又能抑制食欲的奇亞籽。

創造早晨奇蹟「超級精力湯」不僅能提供長時間的能量，而且很好喝。你會發現它甚至能提高你在日常生活中創造奇蹟的能力。你可以在www.miraclemorning.com網站上免費下載食譜。

記住，不是有句俗話說「什麼人吃什麼食物」嗎？照顧好你的身體，你的身體才能照顧你。你吃了之後立刻就能感覺活力充沛，腦筋更清楚。

## 「創造早晨奇蹟」必須和你的目標與夢想一致

大部分實行「創造早晨奇蹟」的人，每天都利用這個時段練習加強專注力，將他們的注意力集中在眼前的目標和最重要的夢想上，尤其是那些一再拖延，或者沒有時間創業或創作的人。「挽救人生六法」就是一個能使你聚焦在你的目標上、朝你的夢想加速前進的理想方法。

例如，當你構思你的自我肯定時，一定要融入你的目標與夢想，並且要清楚說出你必須思考、相信和達成的事項，它們才能強化你不退的決心，讓你持之以恆地做下去。每天複誦它們能使你專注在你的優先目標上，使你採取必要的行動去完成它們。

當你每天早晨觀想時，要輕鬆地想像你很享受達成目標的過程（像我在寫這本書時一樣），並觀想達成目標的清晰畫面。記得把你所有的感官都用上去——視覺、覺受、味覺、觸覺，甚至嗅覺，都要鉅細靡遺地呈現在你的願景和理想的成果中。你觀想的畫面越清晰、生動，它就越能幫助你增強你的欲望與動機，每天採取必要的行動朝你的目標去努力。

## 克服因循苟且：最困難的先做

克服因循苟且的習性、大量提高生產力的最有效策略，是在你最重要的——或者至少你最喜歡的——工作上下工夫，並且把它列為每天早晨必做的第一件事。

頗富傳奇色彩的生產力專家布萊恩・崔西（Brian Tracy）在他的暢銷書《吃了那隻青蛙》（Eat That Frog）中提到，早晨把事情做好能帶給人心靈上的滿足，並提升生命的高度。這個概念就是最困難的先做（「吃下青蛙」），把障礙排除，接下來那一整天就能大大提高生產力。

「創造早晨奇蹟」的目的比較貼近有目的的起床——結合早起與個人成長的好處——而且不一定非要先做什麼活動，只要是積極的、有助於改善你的內心世界（你自己）和外在世界（你的人生）就可以了。

這一章我將告訴你一些觀念與策略，教你如何規劃你的「創造早晨奇蹟」，並依照你的生活方式予以調整，協助你提高生命價值，達成你最重要的目標。我也會舉出幾個不同的真實案例，它們都是由個人——從企業家、家庭主婦，到中學生和大學生——自己規劃，來配合他們獨特的時間表、優先待辦事項與生活形態。

## 週末的「創造早晨奇蹟」

週末一大早起床的好處是我可以非常輕鬆地完成我的工作。週末不會有工作日的時間壓力，如果我比其他人更早起床，我就可以輕鬆地規劃這一天的活動，或者至少我自己的活動。

——歐普拉．溫芙蕾

歐普拉這段話我再同意不過。我最初發想身體力行「創造早晨奇蹟」時，只有在星期一至星期五早晨做，週末休息。但不久我便發現，我每天執行「創造早晨奇蹟」會讓我感覺精神更好，做事更有活力，並且更有生產力，但只要我睡懶覺，醒來後就會感到倦怠無力、注意力不集中，做事缺乏效率。

你可以自己實驗。你可以像我以前那樣，工作日執行「創造早晨奇蹟」，週末休息，觀察自己在星期六與星期日早晨睡懶覺後的感覺。假如你和許多人一樣，覺得一開始執行「創造早晨奇蹟」時就每天做會更好，你會發現你反而最喜愛週末的「創造早晨奇蹟」。

## 讓你的「創造早晨奇蹟」保持新鮮、有趣與刺激！

這些年來，我的「創造早晨奇蹟」仍持續不斷在調整。我仍然每天修習我的「挽救人生六法」，不覺得有任何必要斷絕養成這六種習慣的好處，但我認為在你的「創造早晨奇蹟」加入其他一些活動使它更多樣化也十分重要。例如關係。你一定會想加入一點有趣與興奮的內容，才不至於感到枯燥無味。

譬如，你可以每隔三個月或甚至每個月改變一下你的晨間運動習慣。你也可以上網搜尋下載各種不同的禪坐應用程式在你的手機上，多嘗試幾種不同的禪坐方法。你可以製作一塊願景板，並定期更新。如同我在〈自我肯定〉那一章所說，你應該經常更新你的自我肯定來刺激你的感官與覺受，融入你適時調整、期待將來能成為什麼樣的人、想要有什麼樣的成就的願景。

我自己也常在飛行途中，根據經常變動的時間表、環境，以及我手上的計畫而調整我的「創造早晨奇蹟」。當我在準備演講或座談會的內容時，我會在我的「創造早晨奇蹟」中多用一點時間練習與排練我的演出。當我旅行各地為大專院校或公司、企業演講時，我會在下榻的旅館根據我的行程而調整我的「創造早晨奇蹟」。舉個例，如果我預定在晚上舉行的會議上發表主題演說或講習會，我就會把我的起床工作時間調晚一點。

再舉一個我根據過去這幾個月所進行的計畫來調整時間表的例子。當時我的「創造早晨奇蹟」大量聚焦在完成這本書。我仍然每天修習「挽救人生六法」，但我把觀想時間縮短了，然後增加書寫時間。

由此可知，你永遠都可以將你的「創造早晨奇蹟」規劃成適合你的生活方式。

## 有關量身打造你的「創造早晨奇蹟」的最後幾句話

人都需要多樣化。讓你的「創造早晨奇蹟」保持新鮮感十分重要。以前每當我抱怨我的業務工作枯燥乏味時，我的第一位良師益友就曾經告訴我：「枯燥乏味是誰的錯？使它重新變得生動有趣又是誰的責任？」這是我永遠不會忘記的一句名言。無論是我們的生活作息也好，人際關係也好，使它成為主動積極、一直保持我們所希望的那樣，這個責任在於我們自己。

記住，你完全承擔起生命中的一切責任那一刻，就是你獲得改變生命的力量那一刻。

第九章

# 從難以忍受到停不下來

## 三十天養成會轉化生命的習慣

成功的人並非一生下來就成功，他們是養成不成功的人不喜歡做的良好習慣而成功。成功的人也不一定就喜歡做這些事；他們只是讓它習慣成自然。

——唐・馬奎斯（Don Marquis）

動機使你展開行動，習慣使你持續前進。

——吉姆・羅恩

有人說，我們的生活品質由我們的習慣品質決定。如果一個人過的是邁向成功的生活，那麼這個人一定有培養並維持使他成功的習慣。反之，一個人如果得不到他想要的成功水平——不管哪一方面——他一定是沒有下決心去培養能創造出他想要的成果的習慣。

既然習慣創造生活，那麼再也沒有任何單一技巧比養成一個良好習慣使它成為自然更重要的了。你必須認識清楚、培養、維持能使你得到你夢想的人生所不可或缺的習慣，並放棄任何使你無法盡全力達成目標的壞習慣。

習慣就是會在下意識中經常重複出現的行為。無論你是否知道，你的生活一直受你的習慣影響，並且會持續影響下去。如果你不控制你的習慣，你的習慣就會反過來控制你。

不幸的是，假如你和其他多數人一樣，你一定沒有學習如何成功地培養出良好的習慣並繼續維持（等同「熟練」）下去。學校不會教導這門如何才能「習慣成自然」的課程。他們應該教才對。這類課程對你的成功和整體生活品質，也許比其他所有課程綜合起來還更重要。

由於從未學習如何掌控他們的習慣，大部分人實際上都不曾嘗試去掌控它們。新年新希望就是一個很好的例子。

## 常敗現象：新年新希望

每一年，數以百萬計有心向上的人會在新年許下新希望，但是能堅持到底的人不及百分之五。「新年新希望」到底是一個你想融入生活的好習慣（好比運動或早起），還是一個你想戒除的壞習慣（好比吸菸或吃速食）。不必等到統計數字告訴你，大多數人早在每年一月結束前就已放棄這個新的希望，或早已將它拋到腦後了。

你或許在現實生活中看過這種景象：假如你在一月的第一個星期去健身房，你會發現停車非常困難。停車場擠得滿滿的車輛，這些都是有心改善的人，內心懷抱著減輕體重、鍛鍊身體的新希望，但是等你到了一月底再去健身房時，你會發現停車場空出一半。如果沒有一個有效的策略來維持新的習慣，大部分人仍舊會繼續常敗下去。

為什麼培養與維持讓我們獲得健康、快樂、成功的習慣會如此困難？

## 耽溺舊習慣：改變很痛苦

是的，我們在某些程度上都耽溺在我們的舊習慣當中。無論是心理上或生理上，一旦透過不斷重複做而養成習慣就很難改變——如果沒有一個有效、可靠的策略的話。

大部分人無法建立並維持新的習慣，有個最大的原因是他們不知道要期待什麼，同時沒有一個十拿九穩的策略。

## 養成一個新習慣究竟需要多少時間？

這要看你閱讀什麼文章或聽哪一位專家的意見。你會聽到強有力的證據顯示：從一次短短的催眠時間，到二十一天，或甚至三個月，就能在你的生活中養成一個新的習慣，或戒除一個舊習慣。

比較普遍被接受的是二十一天的迷思。它可能源自一九六〇年發行的一本書《心理控制學：改變人生的新方法》（Psycho-Cybernetics: A New Way To Get More Living Out of Life），作者是著名的整型外科醫師麥斯威爾・馬爾茨（Dr. Maxwell Maltz），他發現截肢病人平均要經過二十一天才能適應截肢的事實。因而宣稱，一般人需要經過二十一天才能適應任何重大的生活變化。有些專家則主張，使一種習慣養成自動化所需的時間，視這個習慣的難易度而定。

以我個人的經驗和我指導過的數以百計客戶的實際成果來看，我可以這樣下結論：如果你用對策略，三十天就能改變任何習慣。問題是，大多數人都沒有任何策略，更遑論正確的策略。於是，一年又一年，他們對自己本身和他們的改進能力漸漸失去信心，一次又一次的失敗累積終於使他們灰心喪志。這種情況一定要改變。

你如何才能掌控你的習慣？你如何才能完全掌控你的人生——和你的未來——靠學習去認識清楚、採取行動、堅持任何你想要的好習慣，永遠戒除壞習慣嗎？接下來你將學習許多人連聽都沒聽過的正確策略。

## ○30天培養「習慣成自然」

大部分人無法培養與維持良好習慣的最大障礙之一是他們沒有正確的策略。他們不知道要期待什麼，也沒有準備好去克服心理上與情緒上所面臨的挑戰，而這是在培養任何新習慣時必經的過程。

我們先把養成一個好習慣（或戒除一個行之已久的壞習慣）所需的三十天時間分段，以十天為一個階段。每個階段各有不同的情緒挑戰和心理障礙使你無法堅持新的習慣。由於一般人在遇到這些挑戰與障礙時對它們都認識不清，在不知道如何克服的情況下自然就放棄了。

### 第一階段（第一天至第十天）：難以忍受

培養任何新習慣（或戒除任何舊習慣）的頭十天幾乎都會有難以忍受的感覺。雖然前面幾天可能很容易，甚至感到新鮮——因為是新的——但是，一旦新鮮感逐漸消退，現實面就會取而代之。你討厭它，因為這樣做很痛苦，它不再那麼好玩了。你身上的每一根纖維都在抗拒這個改變。你的心理會抗拒它，心想：我討厭它。你的肉體也會抗拒它，告訴自己：我不喜歡這種感覺。

如果你的新習慣是提早起床（這也許是一個有效的開端），那麼在前面十天你可能會體驗到這種情況：（鬧鐘響了）喔，我的天，天亮了！我不想起床，我好好好累……我需要更多睡眠。好吧，再多睡十分鐘好了。（於是按掉鬧鐘）

大部分人的問題在於，他們不明白這看似難以忍受的狀況只是「暫時的」。相反的，他們以為這就是新習慣給人的感覺，而且會一直持續下去。他們會告訴自己：新習慣如果是這麼痛苦的話，那就算了——不值得。

結果，我們的社會有百分之九十五的人——一般大眾——失敗，然後一次又一次展開運動、戒菸、改變飲食、撙節度日，或其他任何用以改善他們的生活品質的習慣。

這就是你比其他百分之九十五大眾占優勢的地方，明白了吧，當你在這十天當中做好心理準備，知道這是為了成功必須付出的代價，這十天雖然極富挑戰性，但它們是暫時的，你一定可以克服困難獲得成功！如果它有這麼多好處，我們可以為這十天做任何事，對吧？

所以，培養任何新習慣的前十天不像野餐那麼輕鬆愉快。你會抗拒它，甚至有時會痛恨它，但你是可以做到的。特別是當你想到它會越來越容易，而且它的報酬是可以增強你的能力去創造你一生中想要的一切。

## 第二階段（第十一天至第二十天）：不舒服

經過了前面第一階段的十天——最困難的十天——後，你進入比較容易的第二階段。你將開始適應你的新習慣，你也會對新習慣的好處生起信心，並與它做正面的連結。

第十一天至第二十天雖然不那麼難以忍受了，但你還是會感到不舒服，同時也需要自我約束和自我承諾。這個階段依然有可能重犯過去的舊習慣，若以提早起床為例，你仍然有可能想睡懶覺，因為那是你長久以來的陋習。所以你要堅持你的決心與你對自己的承諾。你已從難以忍受進步到不舒服，接下來你將發現什麼是停不下來的感覺。

## 第三階段（第二十一天至第三十天）：停不下來

當你進入最後十天的第三階段——最後衝刺——時，有少數好不容易堅持到這個階段的人常會犯一個對自己不利的錯誤：聽信許多專家所稱養成一個新習慣只需要二十一天的迷思。

事實上，這些專家只說對了一部分。形成一個新習慣的確需要二十一天——前兩個階段——但第三階段的十天對於持續維持你的新習慣非常重要。最後十天是你積極鞏固你的新習慣，並開始享受它帶給你的喜悅的階段。你在前面二十天主要的感受是痛苦與不舒服，但在第三階段，你不但不會討厭與抗拒你的新習慣，反而會開始對自己能堅持這麼久而感到驕傲。

第三階段同時也是真正轉化的階段，因為你的新習慣已使你改變你對自己的定位，從「你正在努力」超越到「你將成為」的階段，你看到自己開始成為堅持良好習慣的人。

再回到早起的例子：你從那個說「我不是早起的鳥」的身分，進而成為「我是早起的鳥」！現在你不但不擔心早晨鬧鐘響，反而在鬧鐘響時興奮地起床開始活動，因為你已經持續做了二十天了，你開始看到並感覺到它帶來的好處。

有太多人過於自信，會自我安慰，心想：我已經做了二十天了，現在要給自己放幾天假。問題是，前面這二十天是挑戰性最大的階段，在你還沒有為鞏固這個習慣而投注必要的時間之前就停工數日，將使你難以為繼。你要等到第二十一天至第三十天才會真正開始喜歡這個習慣，並持之以恆地一直做下去。

## 可是我討厭跑步

「可是，喬恩，我不愛跑步，我討厭跑步。我不可能去跑步。」

「來吧，哈爾——這是在為『前排基金會』募款哩，」喬恩・勃霍夫回答，「聽我說，我也不認為我能跑馬拉松，可是一旦你下了決心，你就會想辦法讓它實現。而且我告訴你，這真的是一次改變生命的體驗！」

「我考慮考慮。」

告訴喬恩我會考慮其實只是我用來打發他的藉口。但你別誤會我的意思，我絕對相信，並且支持「前排基金會」所做改變生命的工作，多年來我持續捐款給該組織，但開一張支票畢竟比跑馬拉松要容易得多。自從高中畢業後，十年來除非有人在後面追殺我，否則我不會主動跑過一條街。甚至在求學時代，我跑步也只是為了求體育課及格。

此外，自從二十歲那年我的骨盆和腿骨在車禍中多處斷裂後，我一直擔心萬一為我的腿帶來太大壓力，後果將不堪設想。事實上，我每次滑雪都會不由自主幻想我因為滑倒而再度摔斷腿，腿骨內的鋼釘穿透大腿皮膚凸出來。這是一個恐怖的念頭，但是當你曾經嚴重骨折，被醫生宣告再也不能走路時，這種可怕的幻想常會占據你的心頭。

我和喬恩交談過後一個禮拜，我指導的一位客戶凱蒂‧芬格赫特完成了她的第二次馬拉松。「哈爾，太神奇了……我現在覺得我什麼都能做了！」

受到喬恩與凱蒂積極嘗試跑馬拉松的衝擊後，我開始思考，也許我也應該去克服「我不是個跑步的料」的自我限制，開始嘗試跑馬拉松。和生活中的其他任何事一樣，如果他們做得到，我也應該做得到。於是我決定展開行動。

第二天早晨，懷著完成我的馬拉松之旅第一哩路壯舉的決心，我穿上我的籃球鞋（還記得吧？）走出家門。我確實懷著雀躍的心情！——記住，任何新習慣的前幾天通常是這種心情。

我興奮地走過車道後跑上人行道。當我準備離開人行道踏上街道時，我的腳踝扭了一下，我摔倒了。我躺在柏油路上，雙手握住疼痛的腳踝，心想：凡事必事出有因，今天一定不是我開始跑步的良辰吉日……明天再說吧。於是第一次試跑就這樣作罷。

## 三十天：從難以忍受到停不下來

第二天，我正式展開我的馬拉松訓練。我的興奮之情只維持了幾條街，因為肉體的疼痛開始提醒我執著已久的一個信念：我不是個跑步的料。我的臀部很痛，我的大腿很痠。但這次我下定決心。

我完成了痛苦的一哩晨跑初體驗，但我明白我需要助力——需要計畫。於是我開車到書店，買了一本最適合我的書——大衛・惠賽特（David Whitsett）所著的《馬拉松菜鳥訓練手冊》（The Non-Runner's Marathon Trainer）。現在我有計畫了。

### 第一天至第十天

開始跑步的前十天對身、心都是嚴酷的挑戰。每一天，我都要和腦子裡不停地慫恿我：「放棄吧，不要緊。」的凡庸做意識搏鬥。但我沒有放棄。

我提醒自己：要做對的事，不要做容易的事。我下定決心繼續跑。

### 第十一天至第二十天

第十一天至第二十天疼痛稍稍減輕。我還是不喜歡跑步，但沒有以前那麼討厭了，有生以來第一次，我開始培養每天跑步的習慣，它不再像我以前開車從其他跑步的人身邊經過時那種可怕的感覺了。將近兩週連續天天跑步後，我開始習慣每天早晨起來跑步的作息。我依舊保持不輟的決心。

### 第二十一天至第三十天

第二十一天至第三十天，我幾乎忘了討厭跑步的感覺，開始享受跑步的快感了。我不再多想就去跑步。我只是起床，換上跑鞋（是的，我花錢買了一雙跑鞋），然後每天跑一哩。內心的天人交戰過去了，取而代之的是一再自我肯定，或邊跑邊聽個人成長的錄音檔。才不過短短三十天，我已克服「我沒辦法跑步」這個自我設限的信念。我逐漸成為過去無法想像的那個我……我逐漸成為一個晨跑者。

## 後續故事：五十二哩長跑奔向自由

養成晨跑的習慣後——我這輩子最難以想像、最不喜歡做的一件事——短短三十天內我便跑了五十哩，最終並以一次一口氣跑六哩收尾。我打電話給喬恩向他報喜。他很為我高興。他一直想辦法要幫助我抬高標準，便向我提出一個挑戰。喬恩非常了解我，他知道我正處於情緒高峰，有可能接受這個挑戰。「哈爾，你為什麼不試著跑超級馬拉松？如果你能跑二十六哩，應該也能跑五十二哩。」只有喬恩會說出這種邏輯。

「我考慮考慮。」

這次我告訴喬恩我會考慮是真心的。我被進一步推動自己連續跑五十二哩的念頭所吸引。喬恩的話或許是對的，如果我能跑二十六哩，或許也能跑五十二哩。我的意思是，天啊，假如我能從完全不跑步，到幾個星期之內就能一口氣跑六哩——何況「前排基金會」一年一度的慈善馬拉松競賽日期距離現在還有六個月，我還有一段時間可以訓練——那為什麼不把門檻再調高一點跑五十二哩？於是我接受了。我甚至說服一個朋友和我的兩位勇敢的客戶和我一起跑！

六個月後我總共跑了四百七十五哩，包括三次連續跑二十哩。然後我飛越美國，和我指導的兩位客戶詹姆士・希爾與法比昂・華倫西亞，以及我的老友艾莉西亞・安德瑞會合。我們四個人將聯袂參加總長五十二哩的「大西洋城超級馬拉松」競賽。喬恩也會飛來支持我們。但我們有一項後勤方面的挑戰：大西洋城沒有理想的超級馬拉松訓練場地。我們只好隨機應變。

凌晨三點半，我們幾個人在木板大道集合。我們的目標是在馬拉松正式開跑前先跑完二十六哩，接著再和其他馬拉松選手一起跑完剩下的半程。那真是一種超現實的感覺，我們四個人都處於興奮、恐懼、激動及難以置信的心理狀態。我們真的能完成這趟超級馬拉松嗎？

在十月涼颼颼的空氣中及明亮的月光下，按理說我們應該能看見從口中哈出的白色水氣，但我們跑步的路徑上燈光明亮，於是我們出發了，一步一步往前跑。我們一致同意這一天成功的關鍵是繼續往前跑，只要我們不停下腳步，只要我們一直往前跑，最後一定會達到終點。

六個小時又五分鐘後，在相互加油打氣、團結一心的情況下，我們跑完了前段二十六哩。這對我們每個人都是重要的一刻，不僅因為我們已跑完二十六哩，我們還要以剛毅的意志力繼續跑二十六哩。

我們在六個鐘頭之前散發的激動情緒，此時已被全身痠痛、疲憊及心理耗竭取代。想到此刻的身心狀態，我們都不知道是否還能繼續支撐。但我們畢竟還是堅持下去。

從開始起跑後算起，詹姆士、法比昂、艾莉西亞和我，總共花了十五小時又三十分，一起完成我們的五十二哩終極目標。我們四個人前後相接、腳步一致，快跑、慢跑、步行、一瘸一拐，到最後幾乎是用爬的越過終點線。

終點線的另一端就是自由——沒有人能從你身上奪走的那種自由。它是我們給自己設定的自由。雖然經過持續的訓練之後，我們相信我們有可能一口氣跑完五十二哩，但每個人的內心深處並不真的相信有這種可能。我們每一個人都在和自己的恐懼與疑慮交戰，但是當我們越過終點時，我們已從我們的恐懼、疑慮和自我設限中獲得自由。

抵達終點的那一刻，我才明白這不是專為少數幾個人保留的自由，而是我們每一個人在選擇接受挑戰、跨出我們的舒適圈那一刻就能獲得的自由。它強迫我們成長，擴大我們的能力，使我們比過去做得更多，也擁有更多。這才是真正的自由。

## 你為真正的自由做好心理準備了嗎？

《上班前的關鍵1小時》下一章將告訴你如何克服自我限制，使你能夠去做、去成為、去擁有你希望的人生中的一切，而且比你所能想像的更快達成目標。「創造早晨奇蹟」是一種能改變生命的日常習慣。儘管許多人從第一天展開後就愛上它，但你要讓自己連續做三十天——才能養成終生的習慣——仍然需要堅定不移的決心與承諾。

三十天之後的你，將成為能創造你夢想的人生的那個人。說實在的，還有什麼比這更刺激？

第十章

# 創造早晨奇蹟

## 三十天轉化生命的挑戰

不平凡的人生就是不平凡的每一天，要使最重要的方面一直天天進步。

——羅賓・夏瑪

走出舒適圈才真正開展人生。

——尼爾・唐納・沃許（Neale Donald Walsh）

讓我們暫時反問一句話：「創造早晨奇蹟」當真只要短短的三十天就能轉化你的生命？我是說，算了吧——它真的能對你的生命迅速造成那麼大的衝擊？這個嘛，你還記得它對我的影響吧，即便在我人生最低潮的時候。它同時也影響了數以千計其他人，和你、我一樣的普通人，從平庸變成出類拔萃。

在上一章，你知道了三十天可以成功培養與維持最簡單、最有效的策略。你從「創造早晨奇蹟——三十天轉化生命的挑戰」中知道哪些習慣能大大影響你的人生、你的成就、你想成為什麼樣的人，以及你想朝什麼方向發展。接下來，你要利用未來三十天培養這些習慣，它們將徹底改變你的人生、你的健康、你的財富、你的人際關係，以及你選擇的其他任何方面未來的方向。改變你的人生方向，你就會立即改變你的生活品質，最終達成你的目標。

## 思考它的報酬

當你下決心實踐《上班前的關鍵1小時》時，你就是在為你的下半生奠定人生各方面的成功基礎。你每天早晨起床修習「創造早晨奇蹟」，就是每天在謹守不平凡的紀律（堅守你的決心與承諾的能力）、清晰度（專注在最重要的事項上從而產生一種力量），以及個人成長（影響你成功的一個最重要的決定因素）。由此，未來三十天內你將發現自己很快就成為能創造出你夢想中的個人、專業與財務成就的那個人。

你也會因為在「努力」培養一個持之以恆的習慣而感到興奮（甚至有點緊張），因為這個習慣能把你培養成能創造你想要的人生的那個人。你會開始充分發揮你的潛力，看到你以前不曾體驗過的未來的成就。

除了培養成功的習慣之外，你還會培養改善生活——內心與外境——所需的心態。每天練習「挽救人生六法」，你會體驗到靜心、肯定、觀想、運動、閱讀及書寫帶給你的身體、智能、情緒及心靈上的利益。你會立即感覺壓力減輕、更能集中精神、更專注、更快樂，腦筋更清楚，同時更有動力朝你的最高目標與夢想（特別是那些拖延了很久的目標與夢想）勇往直前。

記住，當你把自己培養成能改善你的人生的那個人之後——只有在「之後」——

你的生命才會改善。這就是你未來三十天要做的事——一個嶄新的開始，和一個嶄新的你。

## 你可以做到！

假如你感到猶豫，或擔心你是否能維持三十天的恆心，不要怕，這是正常的，尤其是如果你以往認為早晨起床是最困難的一件事。這時候你要記住，我們都是「後視鏡症候群」的受害者，所以你會有點猶豫或緊張是預料中事，但它同時也是個徵兆，顯示你已準備下決心做出承諾，否則你不會緊張。

此外，你從其他數以千計擺脫「潛能落差」心態，藉著「創造早晨奇蹟」徹底轉化他們的人生的人取得信心也很重要。事實上，我還想花一點時間重溫幾個我們在本書開頭時與你分享的成功故事。我真的相信他人的例子也能照亮我們的潛力。

我從賓州錫林斯格羅夫（Selinsgrove, PA）的創業家米蘭妮・戴潘（Melanie Deppen）和我們分享的經驗中獲得許多靈感。她說：「我實踐『創造早晨奇蹟』已經七十九天了，打從第一天開始到現在，沒有一天斷過。老實說，這是我在決定做一件事之後，第一次持之以恆地連續做了幾天或幾個星期！現在我每天都期待從睡夢中醒來，真不可思議。『創造早晨奇蹟』徹底改變了我的人生。」

聽了加州核桃溪的大學生邁可・芮夫斯（Michael Reeves）自述他實踐「創造早晨

奇蹟」後的前後差異後，我真恨不得我也能提早在學生時代就知道「創造早晨奇蹟」。邁可說：「我第一次聽到『創造早晨奇蹟』時，心想『有效才怪！』我是個大學生，選修十九學分，還有個全職工作，根本沒有時間達成我的目標。我還不知道『創造早晨奇蹟』之前，每天早晨七點至九點間起床——因為我必須準備上課——但現在我每天早晨都五點起床。透過每一天的個人成長，我不僅學習到更多，也進步更多。我愛『創造早晨奇蹟』！」

談到大學生，如今已在加州沙加緬度擔任瑜伽老師的娜塔妮雅・格林（Natanya Green）當年在加州大學就讀時，便在「創造早晨奇蹟」的協助下充分發揮她的潛能。她說：「二〇〇九年十二月，當時仍就讀於加州大學戴維斯分校的我開始採納《上班前的關鍵1小時》教導的方法後，立即發現我有巨大的改變。我很快便達成我的目標，甚至超過原先的預期。我的體重減輕了，找到新的愛人，學業成績突飛猛進，甚至收入也成倍數成長——這些全部都在不到兩個月內發生！如今雖然時隔多年，「創造早晨奇蹟」依舊是我日常生活中不可或缺的一部分。」

你又怎麼可能不對馬里蘭州巴爾的摩的區經理雷伊・查法迪尼（Ray Ciafardini）不平凡的決心留下深刻的印象：「我持續實踐『創造早晨奇蹟』已經有八十三天了，但願我能早點知道它。現在我每天都精神抖擻，真不可思議。我比以前更能專心工作，每天做任何事都精神奕奕。感謝『創造早晨奇蹟』，讓我體會到更豐富的生活方式——在個人與事業兩方面。」

最後，我被加州沙加緬度的資深會計主管羅勃・雷羅伊（Rob Leroy）令人震撼的故事感動到熱淚盈眶：「幾個月前我決定試做《上班前的關鍵1小時》這本書中所教的方法，結果我的生命改變了，而且速度快得我幾乎跟不上腳步！我因此變得比以前更健康，並連帶影響其他各方面。我的事業本來很不如意，但經過我每天努力改變自己，終於扭轉過來了！」

這些成功的故事都是來自一般大眾，和你我一樣的普通人，他們沒有完全發揮他們的潛力，但在採用了「創造早晨奇蹟」的方法後才結束他們的潛能落差，獲得他們真正想要、並且值得擁有的成功。接著我要再一次提醒你、我都應該牢記的成功守則：如果他們可以做到，我們也可以做到。

## 展開「創造早晨奇蹟——三十天轉化生命的挑戰」的三個步驟

### 第一步：取得《上班前的關鍵1小時》的「快速啟動工具」

請到www.miraclemorning.com網站免費下載你的《上班前的關鍵1小時》的「快速啟動工具」（Fast Start Kit）——內有完整的運動、自我肯定、每日檢查表、追蹤表，以及輕鬆展開與完成《上班前的關鍵1小時》所需的其他一切輔助工具。請你現在就花一分鐘時間做這件事。

### 第二步：明天就開始規劃你的「創造早晨奇蹟」計畫

盡快下定決心，並為你的「創造早晨奇蹟」排定時間表——沒錯，就是明天——然後決定進行的地點。記住，我強力建議你離開臥房，遠離會使你又倒回床上睡覺的任何誘惑。我每天的「創造早晨奇蹟」地點是我的客廳沙發，因為這時候其他家人都仍在熟睡中。我聽說有人是在屋外進行，例如在門廊或陽臺，或附近的公園。你可以自由選擇場所，只要能讓你感到舒適又不會被打擾的地方都行。

## 第三步：閱讀「快速啟動工具」的第一頁，然後開始練習

詳閱你的《上班前的關鍵1小時》的「快速啟動工具」導言，然後跟隨指示展開練習。和生命中其他重要的大事一樣，想成功實現《上班前的關鍵1小時》也需要一點準備。展開「快速啟動工具」的第一次練習（最多只需花三十分鐘至六十分鐘）十分重要，同時記住，你在進行創造「創造早晨奇蹟」之前，不管是當天也好，或前一天晚上也罷，都應該在心理、情緒及後勤方面先準備妥善，準備工作包括遵循本書第五章〈五個防止貪睡的起床策略〉所提的建議。

## 建議：找一個責任夥伴

在本書第三章〈百分之九十五的事實檢驗〉中，我們討論過責任與成功二者間的密切關係。我們每一個人都因為得到更多支持而獲益，因此我強烈建議——但不是絕對需要——找一個志同道合的責任夥伴和你一起進行「創造早晨奇蹟——三十天轉化生命的挑戰」。

有個盡責的夥伴督促我們不僅能提高我們的行動力，而且多一個同伴也能增加許

多樂趣！當你很想做一件事，且下定決心去做時，你的內心一定充滿興奮，但假如你的生活中又多一個人——朋友、家人或同事——也很樂意去做這件事，並且和你一樣有堅定的決心，這件事做起來就更有效力了。

今天就打電話、發簡訊或傳送電子郵件給一個人或更多人，邀請他們和你一起展開「創造早晨奇蹟——三十天轉化生命的挑戰」吧。展開行動最快的方式是請他們連結www.miraclemorning.com網站，立刻加入「創造早晨奇蹟」速成班，可以免費獲得幾堂短期訓練課程：

- 免費閱讀兩章《上班前的關鍵1小時》
- 免費收看「創造早晨奇蹟」視頻
- 免費收聽「創造早晨奇蹟」錄音檔

這些都不用花一毛錢，你還可以和志同道合的人共同將生命提升到更高層次，兩人互相提攜支持，互相鼓勵，成為彼此的責任夥伴。

**重點：**不要想等你先找到一個責任夥伴後才展開「創造早晨奇蹟」——三十天轉化生命的挑戰。無論你在自我成長的過程中有沒有找到一個同伴，我建議你今天立刻就擬出時間表，明天早晨就先展開你的「創造早晨奇蹟」。當你做了幾天之後自己有了切身體會，你會更容易去影響他人。所以，現在就開始吧，然後再盡可能邀請一位朋友、家人或同事到www.miraclemorning.com網站接受「創造早晨奇蹟」免費訓練課程。

展開行動後，一個小時之內你就能成為自己的「創造早晨奇蹟」的責任夥伴，甚至從中得到一點啟發。

## 你準備提升你的生命了嗎？

你的個人生活或職場生活更上一層樓的樣貌是什麼？有哪些方面必須依次轉變才能達到那個境界？你可以送自己一個禮物，只要投入三十天，你便可以大大改善你的生活，一天只要做一次即可。不管過去是什麼狀況，你都可以藉著改變現在來改變你的未來。

結語

# 今天就開始放下過去，成就未來

每天醒來後要這樣想：「今天我很幸運，我醒來了，我仍活著。我有寶貴的人生，我不要浪費它。我要盡全力去培養自己，把我的心量擴大到他人身上。我要盡力去幫助他人。」

——達賴喇嘛

萬物不變，改變的是我們。

——亨利・大衛・梭羅

現在的你是由過去的你造成的，但你想徹底結束過去，完全仰賴你從現在這一刻開始勇往直前。

時間是你自己的。不要拖延創造和體驗你真正想要、並值得擁有的快樂、健康、富裕、成功，及充滿愛的人生。我的良師益友凱文・布萊西常說：「不要坐在那裡等成功掉下來。」想改善人生，你必須先改善自己。今天就到www.miraclemorning.com網站下載「創造早晨奇蹟——三十天轉化生命的挑戰快速啟動工具」（The Miracle Morning

30-Day Life Transformation Fast Start Kit），不管有沒有志同道合的夥伴，今天就下決心展開你的創造早晨奇蹟，明天開始你的三十天轉化生命的挑戰。你知道，明天就是你開始踏上你夢想已久的卓越人生之旅的起點。

如果你需要我的支持或在你的生活各方面提高價值，請不吝告訴我。

## 任何時候都可以和我聯繫

我一向樂意和志同道合的人接觸，尤其喜歡聽讀過我的書、看過我的視頻，或聽過我演講的人分享心得。所以，如果你有任何問題，或者只是想打聲招呼，請上www.YoPalHal.com網站，點擊「聯絡」（Contact）欄，發一通訊息給我。我期待聽到你的消息，也想知道我該怎麼做才能盡力幫助你。

## 讓我們共同來幫助他人

我可以請你幫個忙嗎？

如果這本書讓你獲益匪淺，如果你覺得讀過之後心情比較好了，明白「創造早晨奇蹟」是你將你的生命中的任何一面——或整體——提高到另一個層次的開始，我希望你也能為你所愛的人做點事：

把這本書送給他們，或借給他們，請他們閱讀，當然最好是讓他們也擁有這本書，也許當作生日禮物或耶誕禮物送給他們。你要這樣想——耶誕節送書給親朋好友，還有什麼比這本能令人每天早晨都像在過耶誕節的書更適合?!

或者你也可以不需要借助任何特殊場合，只說：「嘿，我愛你，我欣賞你，我想幫助你過最美好的人生。讀一讀這本書吧。」

如果你和我一樣相信，身為一個好朋友或好家人，就是要幫助你的朋友和你愛的人完成他們最大的夢想，我鼓勵你和他們一起分享這本書。

請將我這句話分享出去。

感激不盡。

## ○特別邀請——歡迎加入「創造早晨奇蹟」社群

一群「創造早晨奇蹟」的粉絲與讀者組成一個志同道合的群組，每天有目的地起床，致力於發揮每個人都具備的無限潛力。身為「創造早晨奇蹟」創辦人，我感到我有責任成立一個網路社群，我的讀者和粉絲都可以透過網路互相溝通、相互鼓勵、分享最好的練習心得、彼此互相支持打氣、研討這本書、上傳視訊、找一個責任夥伴，甚至可以交換精力湯食譜和運動習慣。

老實說，我壓根兒沒想到「創造早晨奇蹟」會成為我所見過最積極、最有啟發性、最能相互支持，以及最盡責的網路社群之一。但事實上如此。我們的會員的才華讓我深受震撼。

請上www.facebook.com/groups/MyTMMCommunity網站，請求加入臉書的「創造早晨奇蹟」群組，你可以在這裡找到志同道合、已在實踐「創造早晨奇蹟」的人——許多人均已行之有年——並獲得額外的協助，提升你的成功率。

我會定期上網視察，期待在那裡見到你！

如果你想在社群媒體和我本人聯絡，請上推特@HalElrod及臉書www.Facebook.com/YoPalHal。你隨時都可以直接和我聯繫，或留話，或提問題。我會盡快回覆，希望能早日聯繫！

# ◉意外的收穫——改變生命的電子郵件

每個人都需要回饋，它比請一位指導老師要便宜得多。

——道格・羅文斯坦（Doug Lowenstein）

請不同背景的人回饋給你，每一個人都會告訴你一件有用的事。

——史提夫・賈伯斯（Steve Jobs）

凌晨兩點，我無法入睡。這時候的我仍住在向麥特承租的一個十二呎見方的小房間，坐在廉價的仿松木紋書桌前。我的情緒壞透了，這種狀況必須改變，或者，我必須改變。

兩眼瞪著筆記型電腦，對人生充滿挫折感的我忽然心血來潮。我已忘了是什麼激發的靈感，但我打開信箱，開始寫一封信，收件者欄內填上各個不同的族群，其中有親近的朋友、家人、同事、以前的老闆、熟人、目前約會的對象，甚至包括——信不信由你——我的幾個前女友。我準備大幅度改變我的人生，我準備更進一步發揮我的潛力，我認為我能取得他人對我的真正評價、我平常的表現如何，以及我有什麼地方應該改善……唯一的方法就是請那些最了解我的人給我坦誠的回饋。

我打到第二十三個郵址時暫時停下來，因為我是邁可・喬丹的大粉絲，對「23」這個數字有點迷戀。然後我開始打草稿，準備寫一封電子郵件給這些人。他們對我各方面的才能都有不同程度的了解。我在信中說，我想要個人成長，想成為一個好朋友、好兒子、好兄弟及好同事。我唯一要做的是請這些能看到我自己看不到的地方的人給我回饋。我請求他們是否可以花幾分鐘時間回覆，在方便的情況下告訴我我有哪些地方需要改進。我請求他們誠實作答無須客氣，並保證他們的回應不會傷害我。事實上，唯一會傷害我的是他們不肯說出實話，因為這樣會阻礙我的成長。

如果我否認這是我寫過的所有電子郵件中最令我提心吊膽的一封，那是我在說謊。我幾乎是心驚膽跳。我考慮過要刪掉它，然後上床睡覺。但謝天謝地，我沒有。我做了一個深呼吸後，將它傳送出去。然後我上床睡覺，等待他們的回信。

六個小時之後，我醒來。慢點，我真的在凌晨兩點把那封電子郵件傳送出去了嗎？或者那只是一場夢？我登入我的信箱檢查，不，不是夢，我真的傳送出去了，而且我已接到兩封回信，一封來自我母親，另一封來自J.布雷德・布里頓（J. Brad Britton）——我上班的那家資本額兩億的公司頗受敬重的區經理。喔，我的天，這……我暫時停頓，提醒自己做這件事的目的是為了成長與改進，所以，無論任何人在他或她的回信中說了些什麼，我都要保持一顆開放的心坦然接受，不能生氣。但說來容易，要做到很難。

我先打開我母親的信。「嗨，兒子，我接到你的信了（真的嗎？老媽，我沒想到妳接到了）。你知道，在我眼中你是十全十美的！但假如我必須給你一點建設性的回饋，那就是你應該常來看看你媽！我知道你很忙，但如果能偶爾見到你就太好了。總之，我愛你！快點來看看我……愛你的老媽。」我在我的電腦上新開一個空白文件，打上一行標題：「建設性回饋及我的新承諾」，（一）每週至少回去看老媽一次。

接著我打開我的區經理J.布雷德．布里頓的回信。我一向很尊敬布雷德，從他身上學到很多東西，不用說他還是我認識的人當中最正派的人之一。我們彼此雖然一年當中只有在開會和公司旅遊時見過幾次面，但他很了解我，至少在工作能力方面。「哈哥，我喜歡你寄來的電子郵件，但假如你答應讓我說三個我欣賞你的地方，我才答應給你要求的三點『建設性』回饋，這算是交換條件，好嗎？接下來……」

布雷德繼續指出我在工作上與社交上的幾個「盲點」，我感到很驚訝。老實說，我有點受傷的感覺，並且生起防衛心：「那不是真的，我不是那種人，他不像我以為的那麼了解我。」然後我忽然想到，他的批評正確與否其實無關緊要，因為那是展現在他面前——或許還有在其他許多人面前——的我。重要的是我不但知道了我以前是怎樣的一個人，而且我知道我過的是和我的價值觀一致、和我的人際關係一致的生活。

接下來幾天我又陸續接到回信，到了週末，二十三位收件人中已有十七位回覆，提出他們經過深思熟慮之後的（大多數）建設性批評。自從寫下我的母親要求我常跟她聯絡的備註後，我的「建設性回饋及我的新承諾」中又增添不少備註。那麼，結果呢？

這麼說好了。讀了這些回信之後，我在一個禮拜之內所獲得的自覺與成長比過去五年——說不定還是我的整個一生——的總和多更多。那真是不可思議。要讓自己虛心求教、看自己的所有缺點，那不是件容易的事，但它可以改變生命，它可以使事業更上層樓，它可以改善人際關係。而這一切都是鼓起最大勇氣發出一通或許是我這輩子最重要的一封信——改變生命的電子郵件——的結果。

下面是一封改變生命的電子郵件範本，你可以複印、修改、轉寄給你的朋友圈。但在那之前，我想花點時間跟你分享我指導的客戶寫給我的正面回饋。她是在給她自己的朋友圈發出改變生命的電子郵件之後寫這封信給我的。

**我的「VIP成功教練」客戶楚蒂給我的一封信**

哈爾，我真不敢相信你寄給我們的那封電子郵件，那封要求每個收件者寫回饋的信會那麼有效。我從我認識的朋友、同事及家人那邊收到的每一封回函都寫出我的缺點與優點。這些回饋讓我更清楚地看到我自己，我很恭敬地接受每一個人給我的協助。而接到信的人也都認為這是一封與眾不同的電子郵件。

哈爾，謝謝你的「VIP成功教練」。

不勝感激。

楚蒂 敬上

## 改變生命的電子郵件

**問題：**逃避回饋。大部分人都不喜歡負面的回饋，所以他們完全避免要求回饋，結果使他們無法得到有關他們的缺點與優點的寶貴資料，同時也使他們無法有效利用他們的優點與積極改善他們的缺點。

**解決辦法：**向你認識的人（各種不同的領域）積極尋求坦誠的回饋，是對你自己有更深一層認識，以及提升你個人的成長與成功最有效與最快速的方法。

**指導：**將下面這篇文章打在你的電子郵件上（請自行修改，使它更貼近你的語氣），傳送給五至三十位（多多益善）了解你，會誠實說出你的優、缺點的人。他們也許是你的朋友、家人、同事、良師益友、老師、以前的雇主或經理、顧客、你的重要的另一半，以及如果你夠勇敢的話……你的前男、女朋友（我是說真的，不是開玩笑）。

**重點：**一定要把傳送的郵件地址用「密件副本」的方式寄出，這樣你的收件人才不會看到其他收件人的姓名（或者，你也可以用「複製」、「貼上」的方式將郵件寄給每一個人）。

**主旨：**你可以寫「意義重大」……或「希望能聽到你寶貴的意見」……

**範例：**

親愛的朋友、家人、同事：

感謝你們閱讀這封電子郵件，寫這封信對我來說不是一件容易的事，但因它實在太重要了，因此我更感激你們能花一點寶貴的時間來閱讀（並期待收到你們的回信）。這封信只寄給某些特別挑選的群組，你們每一個人都很了解我，希望你們能在回信中坦誠地告訴我，我有什麼優點，最重要的，請說出我的缺點（也就是「需要改進的地方」）。

我從未寫過這樣的信，但我認為一個人必須不斷地成長與進步，我想知道我呈現在別人面前的真實相貌，這對我來說非常重要。為了建立我夢想的人生，同時將我的力量貢獻給他人，我需要你們的坦誠回饋。

所以，我請求你們花幾分鐘時間回信給我，告訴我你們眼中的我有哪些最需要「改進的地方」（2~3點），如果你們怕不好意思，也可以舉出我的「優點」（2~3點，我相信它一定能讓我覺得開心一點），請不要猶豫。還有，請不要美化我或避而不談我的缺點，無論你們說什麼我都不會生氣。事實上，你越「殘忍」地說出實話越好，這些肺腑之言才能使我更積極改變我的生命。

再一次謝謝你們，如果我也有機會可以幫助你們提升生命價值，請盡量通知我。

誠摯地感激你們。

XXX

## 有關改變生命的電子郵件的最後幾句話

就是這樣！希望你能加入我、楚蒂，以及我的其他數百位「ＶＩＰ成功教練」（VIPSuccessCoaching.com）客戶的行列。他們都樂意鼓起最大的勇氣虛心求教，寄出這封信。你所得到的能使你改變生命的回饋將使你大大提高自我覺醒，對自己有更深的了解，也更清楚你有哪些地方應該改變，這樣你和你的人生才能快速提升到另一個層次。

誠摯地感激你們

——「哈哥」哈爾

## 勵志語錄

我相信僅僅一個觀念就能改變我們的思維、我們的感受，以及我們的生活方式。發人深省的語錄是我最喜愛的強有力改變人生觀念的方法之一，因此我很喜歡創造一些能啟發、鼓勵、向你發出挑戰、使你比以前更好的語錄。

下面是一部分我最喜愛、也是最常被人引用的語錄。如果它們能引起你的共鳴，你也可以把它們運用在你的自我肯定，或在臉書與推特上分享，或把它們抄下來貼在你的電腦桌上、印在T恤上、在你的下背部刺青，隨你高興……

愛你、感激你的

——哈爾

- 你在創造你夢想的人生時就要去愛你現在的生活，不要認為你必須選擇其中之一。
- 你現在的處境是過去的你造成的，但你的未來完全靠你現在選擇成為怎樣的人。
- 不要追求完美，要追求真實。真實展現你的本色，愛真實的你，別人也會愛你。
- 以將心比心取代批評，將抱怨升格為感恩，用愛去交換恐懼。
- 感恩你所擁有的一切，接受你的缺憾，主動創造你的夢想。

●人生不是但願你有某種成就或成為某個偉人。人生是喜歡你的現在，愛現在的你，然後不斷地改善它們。

●俗話說同病相憐，但平庸也一樣，不要讓他人淺薄的信念限制了你的潛力。

●不要擔心你能不能影響別人，只要專心去幫助他們。

●你承受生命中一切責任的那一刻，就是你重新獲得力量去改變或創造你的人生的那一刻。

●我們每一個人都有能力使自己成為最快樂的人；我們時時刻刻都應該想到這一點。

●沒有什麼好害怕的，因為你不可能失敗，你只會學習與成長，然後比以前更好。

●要知道目前的處境是暫時的，並且要知道你該往何處去。現在的你應該知道你必須學習什麼，你才能成為能創造你所夢想的一切的那個人。

●即便生活困頓或充滿挑戰——尤其是生活困頓或充滿挑戰——現在永遠是我們學習、成長、進步的契機。

●你的未來遠比你的現在更重要，但你現在所做的一切將決定你的未來。

●你決定不再繼續平凡的那一天，你的整個人生就改變了。當你決定今天是你一生中最重要的日子，現在比其他任何時刻都重要——因為你每天的進步有賴於你所做的選擇和你所採取的行動——時，它就決定了你往後的成就。

●一般人任由他們的情緒主導他們的行動，但成功者以他們的決心主導他們的行動。

●每天朝著你的夢想大膽前進，拒絕停下腳步，你就能無往不利。

致謝

# 最後一段獻給你（必讀）

這一章恐怕是撰寫任何書籍最困難的部分。不是我沒有可以感謝的對象，而是恰恰相反。我一生中接觸過太多對我影響至深的人，幾頁紙張都寫不完，搞不好還能寫成一本書，續集的書名就叫「創造早晨奇蹟感恩書」。也許不會有很多人買，但我會很樂意寫這樣的一本書！

首先，我要深深感謝懷胎九個半月、賜給我生命奇蹟的老媽。我好愛妳，謝謝妳一直都相信我，在我需要的時候規勸我。現在我仍然需要它。喔，還有，妳一定要常來看我！

老爸，你是我的摯友中的摯友。因為有你，我才有今天。在我的成長過程中，你不斷灌輸我許多價值觀與德行，造就成今天的我。我非常感激，我一定會把它們也傳遞給我的孩子們。我愛你，老爸。

海莉，妳是全天下最好的姊姊，不爭不搶。妳不但是個好姊姊，還是我最要好的朋友之一。妳為人真誠、樂於助人、待人和氣，而且幾乎和我一樣愛搞笑！說真的，我很感恩有妳這樣的姊姊，相信再也找不到比妳更好的了。

我現實生活中的夢中美人烏蘇拉，妳具備所有理想妻子的條件，甚至遠超過我的需求，現在我再也少不了妳了。我至今仍驚訝於我們倆是如此契合，很感恩我們能在一起創造與分享我們的人生。還有我們的兩個可愛的孩子，謝謝妳為我生了蘇菲與哈爾斯登。有妳的主持，我知道我們全家一輩子都會過著充滿愛與快樂的生活。

蘇菲與哈爾斯登，我知道你們現在還不識字，但我好愛你們，你們是我夢想中的孩子，謝謝你們。感恩你們為我的每一天帶來喜悅和歡笑。

謝謝我的阿姨、姑姑、叔伯、表兄妹和祖父母，非常感謝你們無時無刻對我的關懷與愛護。我愛你們，我會永遠珍惜我們相處的時光，期待有更多機會再相聚！

感謝我的姻親馬雷克、馬莉拉、史帝夫、琳達、亞當及阿妮雅，感激能和你們成為一家人。

我的眾家好友——我的影響圈——任何人有你們當中一個朋友已經很幸運了，我卻擁有你們全部！我們一起度過許多快樂時光，但更重要的是，因為有你們，我才能力爭上游。假如我們真的是大部分時間都在一起的那平均五個人，那我就什麼也不擔心了！我愛你們和你們長久以來的友誼：傑若米・凱頓、喬恩・勃霍夫、麥特・芮科、喬恩・傅洛曼、潔西・列文、布雷德・威墨、露絲・菲爾德、約翰・盧林、彼特・伍德、東尼・卡爾斯頓、泰迪・華特森、拉瑞・羅德蓋茲、亞歷克斯・海登，以及布萊安・貝德。還有許多我沒有提到姓名的好友，你們知道不是我不愛你們。我愛你們。

感激Cutco與Vector公司待我如同一家人的老長官。謝謝你們每天辛勤工作，為他人奉獻。感激總裁布魯斯・古德曼、艾爾・狄里奧納多、約翰・惠爾普萊，以及執行副總裁阿瑪・達維。我想我可以說，我即將提到並感謝的每一個人都能在你們的領導下有長足的進步。感謝你們卓越的影響力，以及你們為我的人生帶來的衝擊。感謝區域領導——傑夫・布萊、厄爾・凱利、史考特・丹尼斯、P.・J.・波特、勞伊・雷根、麥克・穆瑞爾，以及各部門經理，謝謝你們協助我建立我的特色，持續給我機會去影響你們旗下的員工。

感謝我在Cutco與Vector公司執行團隊的朋友：傑夫・昆克爾、佛瑞・格雷瑟、約翰・肯恩、史帝夫・波克齊、特蘭・布什、亞當・傑斯特及史考特・高瑞爾。你們的努力為數以千計人帶來正面的影響，我就是其中之一。至誠感激你們。我還要感謝史提特家族為Cutco公司奠定深遠的基礎。

感謝我在Vector加拿大公司的領導與朋友——喬伊・卡迪洛、安琪・麥道格、藍察・康乃爾、雪莉・狄基、邁可・史密斯，及麥克・麥唐納。喬伊與安琪，自從你們邀請我在你們的會議上發表演說後又匆匆過了許多年，但我一直忘不了當時的興奮之情，因為從那以後我便自稱「跨國」演說家了！你們是如此慷慨大方，希望你們的演講趨勢能繼續蓬勃下去。

感謝我的寫作與編輯大師——喬伊・D和蘇・肯菲爾。你們是促使我終於再度提筆寫作的觸媒。沒有你們的專長與盡責，這本書不可能問世。

感謝我才華洋溢的朋友兼BookMama.com網站創辦人琳達・席佛森，妳的才幹與天賦能把任何作家的想法都化為暢銷名著。謝謝妳將妳的才華奉獻給這本書。

感謝激勵人心網站InspireMeToday.com的「激勵大使」蓋兒・林恩・古德溫。妳是我所見過最溫柔、最寬容、最能鼓舞人心的人。我很感恩在我的人生中遇見妳，希望能早日跟隨妳的腳步。

感謝長期以來以大無畏的無私精神為榜樣引導世人，並讓我學習到許多的良師益友、老師及作家們——羅賓・夏瑪、布蘭登・布察、東尼・羅賓斯、達夫・杜蘭、提摩西・費里斯、馬修・凱利、魯迪・休廷傑、安東尼・「AB」勃克、傑夫・蘇耶、韋恩・戴爾、比爾與史提夫・哈里斯、詹姆斯・馬林恰克、史黛芬妮・錢德勒、羅傑・克勞佛、凱文・布萊西、威爾・鮑文、約翰・麥斯威爾、T.哈福・艾克、艾克哈特・托勒、大衛・藍西、安德魯・柯恩、肯恩・威爾伯、賽斯・高汀、德瑞克・席佛斯、克里斯・布羅根、強納森・史普林克斯、強納森・巴德，以及邁克爾・艾爾斯伯格。

我要特別感謝凱文・布萊西。我第一次實踐「創造早晨奇蹟」的前幾天參加了你的座談會，你的一席話觸發我去克服我以為「我不是早起的鳥」的狹隘信念。你提醒我：「如果你希望有不一樣的人生，你必須先樂意去做不一樣的事。」如果不是你這句話，我可能永遠不會在早晨五點起床，更別提寫這本書。謝謝你。

感謝馬林恰克，你也值得我在這裡多提上一筆。當我第一次跟你分享「創造早晨奇蹟」時你非常高興，你甚至擴大我的視野：「哈爾，你一定想不到你能從這裡看到多麼大的願景，並去影響多少人！」你個人就激勵了不知多少作家、演說家及教練相信他們所傳達的信息、看到它的規模越來越大、影響越來越多的人。你影響了我，我真是感激不盡。

感謝J.布雷德・布里頓，你教了我最寶貴的一課，我一直遵循你的教誨並分享給任何願意接受的人——「要做對的事，不要做容易的事」。你不但教導別人，自己更是身體力行。

感謝亞當・史托克，謝謝你一直為我的生命提升價值與智慧，你珍貴的指導使我獲益良多！

感謝我的助理琳達：妳辛勤工作，妥善照顧我們的客戶，謝謝妳所做的一切，以及妳為我的生活與家庭帶來的所有價值。

感謝我曾經上臺演講的每一所學院或中學的所有學生、老師、顧問及督導：謝謝你們給我這個機會，讓我把我的生命宗旨傳達給你們，提高你們的生命價值。

感謝接受我指導的個人及「VIP成功教練」客戶：能夠成為你們的教練是我的榮幸，謝謝你們接受我的支持，協助你們達成你們的目標並繼續更上層樓。無論你們知道與否，我要說我也從你們身上學到許多。再一次感謝你們讓我成為你們的教練。

感謝支持這本書問世的每一個人，你們的無私奉獻與承諾把你們從《上班前的關鍵1小時》所得到的利益傳播出去使我感動莫名。首先，我要感謝《上班前的關鍵1小時》促銷團隊，和你們一起促銷這本書是多麼令人震撼的一件事，我永遠感激你們，也會永遠記住這份人情。特別要感謝凱爾・史密斯、艾薩・史戴曼、蓋瑞・亞辛格、馬克・恩賽、珂琳・艾略特・林德、妲夏瑪、馬克・哈特利、大衛・鮑德斯、喬恩・勃霍夫、喬恩・傅洛曼、傑若米・凱頓、萊安・懷頓、羅伯・岡薩雷茲、卡瑞・史默倫斯基、萊安・卡賽，以及葛瑞・史崔林。

最後，我要感謝你們，親愛的讀者：謝謝你們容許我成為你們生活的一部分，讓我們繼續在臉書、推特，以及透過「創造早晨奇蹟」社群聯繫。請讓我知道你們的進展，若有任何我能協助你們提升生命價值或支持你們的信念的地方，請不吝告知我。好，現在閱讀已告一段落，可以開始行動了，千萬不要懈怠、要努力創造你們值得擁有的人生，並且幫助他人也朝這個方向努力。

# 作者簡介

我們每一個人都有能力克服我們的困境，創造我們所能夢想的人生。哈爾·埃爾羅德就是一個活見證。哈爾二十歲那年在高速公路上被一名酒醉的貨車司機迎面衝撞，失去生命跡象長達六分鐘，全身有十一處骨折，部分腦部永久受損，並被告知再也不能行走。但他抗拒醫生的邏輯，不願意成為受害者，努力復健，最後終於榮登他服務的公司的名人堂，不但開創成功的事業，而且完成超級馬拉松競賽，他的著作也屢次創下暢銷書榜首的佳績。他還是一位嘻哈音樂錄音師，已婚並生兒育女，同時是知名的勵志課程演講主講人。

哈爾矢志終身指導他人如何克服他們所面臨的挑戰，充分發揮我們每個人都具備的無限潛力。他的另一本第一名暢銷書《撞出生命的火花！》（Taking Life Head On: How To Love the Life You Have While You Create the Life of Your Dreams）至今仍是亞馬遜網路書店普受好評的暢銷書之一（讀過書評你就知道為什麼）。

哈爾是美國著名的激勵課程演講主講人之一。雖然有許多企業和非營利公益組織經常請他在他們的會議與基金會上演講，但他特別喜歡以正向積極的演說去影響年輕人。十多年來，他以「哈哥」（Yo Pal）的形象在全美及加拿大各地對十萬多名觀眾演講，其中約有六萬人是中、大學生。

他也曾接受美國各地數十家電臺與電視臺的訪問。在文章中提到他的書籍不知凡幾，如：《但願我十八歲就懂的成功學》（The Education of Millionaires）、《尖端銷售學》（Cutting Edge Sales）、《前排大學生活的秘訣》（Living College Life in the Front Row）、《網路平臺架設指南》（The Author's Guide To Building An Online Platform）、《800磅的銷售大金剛》（The 800-Pound Gorilla of Sales），以及長期高居排行榜的《心靈雞湯》系列。

媒體若想訪問哈爾，或有意邀請他演說，或只是想收到免費的訓練視頻與資料，請上www.YoPalHal.com網站。

你也可以從推特（@HalElrod），或臉書（www.Facebook.com/YoPalHal），以及透過www.facebook.com/groups/MyTMMCommunity網站上的「創造早晨奇蹟」社群與哈爾本人聯繫。

## 預約哈爾的演說！

請預約時間邀請哈爾在你們的集會上演說。哈爾保證一定讓與會的觀眾聽到精采的鼓舞人心、趣味橫生及改變人生經驗的演說！

十多年來，哈爾・埃爾羅德始終被演講策展人與聽眾票選為演講主講人排行榜榜首。他獨樹一格地融合激勵人心的內容與他的真實故事，創造出獨特的個人風格。他充沛的活力不但引來觀眾的歡笑，他所傳達的力量與行動策略也往往帶觀眾更上一層樓。

我們的演說主講人哈爾總是獲得全場觀眾起立鼓掌，並且在我們邀請的三十多位演講者當中名列第一。

——**Cutco 廚具公司**

哈爾是我們公司四百位頂尖業務員與主管的專題演講人。他告訴我們一個非常簡單的計畫，我們毫不猶豫立刻採取行動。

——**Art Van 傢俱公司**

邀請哈爾在我們的年度大會專題演講是我們最好的投資。

——Fidelity National Title 產權保險公司

想獲得更多資訊，請上www.HalElrod.com網站

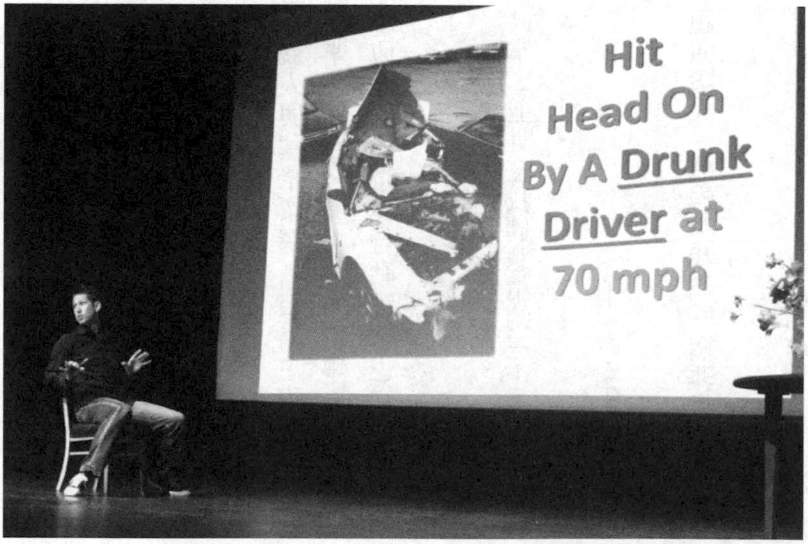

# 附錄

## 1 …… 哈爾的自我肯定（二〇一二）

真正的成就＝愛我的家人、愛我的工作、過有目的的人生、專注當下並感激每一刻。

**最高目標**——我要把每天該做的事先做好，今年只要專心完成三至五個最高目標。

1. 寫完《上班前的關鍵1小時》並且將它出版！（克服我的恐懼！我有責任將「創造早晨奇蹟」分享給世人！）
2. 每天/每週都要協助我指導的客戶及網路社群提升他們的生命價值（電子郵件、臉書等）。
3. 把一年的演講場次縮減為三十六場（每個月三場），這樣我才有時間陪伴家人。

**人生目的**——我的人生目的是提升他人的生命價值，但首先我要實現我想要的人生中的一切，而且絕不屈就或降低標準，這樣我才能推己及人，學習（透過我自己的經驗）如何協助他人實現他們的夢想。

**家庭**——我是個盡責的丈夫和父親，我的第一優先永遠是支持我的家人。

**大突破**——為了使二〇一二年成為最好的一年，並將我的生命價值提高到另一個層次，我必須（積極地）腦力激盪，走出我的舒適圈，冒險採取行動。我必須專注在我目前從事的領域之外的目標／計畫，譬如：使《上班前的關鍵1小時》成為《紐約時報》排行榜上的暢銷書、受邀上電視節目、將《撞出生命的火花！》拍成電影等等。

**無盡的智慧**——當我藉著禱告的力量和任何時候都能獲得的無盡的智慧積極連結時，任何事都會變得可能。記住，我的「思考的」大腦受制於我的身、心及情緒，但是當我「積極地」和無盡的智慧連結時，我隨時都可以得到它們——這就是奇蹟。

**賺大錢／奉獻**——我的二〇一二年首要財務目標是賺入 $xxx,xxx——朝我的年收入 $x,xxx,xxx邁進——以及儲蓄／投資每一筆收入的1／2，為我的家人維持安定的生活，並提撥10％回饋給那些更不幸的人。我賺得越多、存得越多，我就越能幫助他人。而且我和其他任何人一樣，都有能力成為非常富裕的人。我同時下決心繼續過節約的生活。

**真實**——放棄完美，做真實的自己。我不可能使每一個人都滿意。有些人會批評我、指責我，在我背後說閒話；有些人會讚美我、推崇我、尊敬我，替我說好話，祈禱我繼續成功。真正了解我的人會因為我幫助他人提升生命的價值而欣賞我。他們在經濟上支持我，利用關係與資源協助我達成目標。我很感激這些人。我樂意為他們工作。

**生產力**——為了提高生產力，我要規劃三至五小時的時段或半天的時間，將全副精神都專注在一項行動／計畫上，不要每隔一個鐘頭就換一件工作。這是我的重點。

《上班前的關鍵1小時》——我每天都要徹底實踐「創造早晨奇蹟」，為其他人作榜樣，讓他們看到它的利益。《上班前的關鍵1小時》是我送給世人最好的禮物。我必須盡快完成這本書（先寫完，以後再來修改），因為人們需要它。當我不再為完美或不完美操心，用最真誠的態度敞開我的心胸接納無盡的智慧之源，使我的聰明智慧源源不絕流出時，我就是個優秀的作家。

**演講**——我有責任積極推廣我的演講，讓世人都能從我傳遞的訊息中獲得利益。我可以把這件事託付給我的一位助理，但必須跟他們密切合作，直到他們產生信心。

**VIP成功教練**——我的首要責任是對我的客戶盡責，永遠用百分之百的心力關注他們，絕不把他們投資在我身上的一切（金錢、時間、希望等等）視為理所當然。身為教練，我要好上加好及不斷地成長！要培養使自己物超所值的習慣（發簡訊、寫電子郵件、鼓勵客戶、寄送卡片、送書等等）。

**休息與放鬆**——定期休息與放鬆對我的快樂、健康及成功至為重要。旅行與度假讓我脫離日常雜務與環境，不但能帶給我新的視角與觀念，還可以讓我與蘇菲和烏蘇拉共度悠閒時光。

**反省**——我要花點時間反省，問自己一些問題，例如：我要怎麼進步才會感激自己？我要怎麼做才能更好？我還忽略了什麼？

**克服恐懼與憂慮**——恐懼與憂慮對我的智能與想像力是一種浪費。只能想一些正面的、肯定的、能激發信心的念頭。如果我要運用我的想像力，只能用它來想像自己在做偉大的事。事實上，也沒什麼好害怕或擔心的，因為我不可能失敗，我只會不斷地學習與成長。

## 2 哈爾的自我肯定

● 你現在的處境是過去的你造成的，但你的未來完全靠你現在選擇成為怎樣的人。

● 每天朝著你的夢想大膽前進，拒絕停下腳步，你就能無往不利。

● 你在創造你夢想的人生時就要去愛你現在的生活，不要認為你必須選擇其中之一。

● 不要追求完美，要追求真實。換言之，不必要求完美，要求展現真誠的機會。做真實的你，愛真實的你，其他人也會愛你。

● 要知道目前的處境是暫時的，並且要知道你該往何處去。現在的你應該知道你必須學習什麼，才能成為能創造你所夢想的一切的那個人。

● 即便生活困頓或充滿挑戰——尤其是生活困頓或充滿挑戰——現在永遠是我們學習、成長、進步的契機。

● 你和這個星球上的其他任何人一樣，值得擁有非凡的快樂、健康、財富與成功！要相信它，在你的內心認知它，然後今天就採取必要的行動，開始創造你值得擁有的非凡人生。

● 感恩你所擁有的一切，接受你的缺憾，主動創造你的夢想。

●你承受生命中的一切責任那一刻，就是你重新獲得力量去改變或創造你的人生的那一刻。

●讓今天成為你一生中最美好的一天，因為沒有理由不是最好的一天。

# 3

## 哈爾推薦的閱讀書單

以下是我最喜愛的不同主題的書單……

### 健康

- 《刀叉勝過手術刀》（Forks Over Knives），作者：吉恩・史東（Gene Stone）、卡德維爾・艾瑟斯坦（Caldwell B. Esselstyn）
- 《身體生態飲食》（The Body Ecology Diet），作者：多娜・蓋茲（Donna Gates）
- 《救命飲食》（The China Study）作者：T.・柯林・坎貝爾（T. Colin Campbell）、湯瑪斯・M.・坎貝爾（Thomas M. Campbell）

### 商業／創業

- 《工作大解放》（Rework），作者：傑森・福萊德（Jason Fried）、大衛・漢納米爾・韓森（David Heinemeier Hansson）
- 《選對池塘釣大魚》（Getting Everything You Can Out of All You've Got），作者：傑・亞伯拉罕（Jay Abraham）

● 《愛，殺手級應用》（Love Is the Killer App），作者：提姆・桑德斯（Tim Sanders）

## 關係

● 《讓愛自由》（The Mastery of Love），作者：唐・魯伊茲（Don Miguel Ruiz）
● 《愛之語》（The 5 Love Languages），作者：蓋瑞・巧門（Gary D Chapman）
● 《以愛之名，我願意》（How To Be An Adult In Relationships），作者：大衛・里秋（David Richo）、凱特琳・漢德瑞克（Kathlyn Hendricks）

## 成功／生產力

● 《用對能量，你就不會累》（The Power of Full Engagement），作者：吉姆・洛爾（Jim Loehr）、東尼・史瓦茲（Tony Schwartz）
● 《專注的力量》（The Power of Focus），作者：傑克・康菲爾德（Jack Canfield）、馬克・漢森（Mark Victor Hansen）、雷斯・休威特（Les Hewitt）
● 《創業家時間管理指南》（No B.S. Time Management），作者：丹・甘迺迪（Dan Kennedy）

### 快樂

- 《不抱怨的世界》（A Complaint Free World），作者：威爾・鮑溫（Will Bowen）
- 《生命的律動》（The Rhythm of Life），作者：馬修・凱利（Matthew Kelly）
- 《一個新世界》（A New Earth），作者：艾克哈特・托勒（Eckhart Tolle）
- 《撞出生命的火花》（Taking Life Head On），作者：哈爾・埃爾羅德（當然少不了他囉！）

### 財富

- 《思考致富》（Think and Grow Rich），作者：拿破崙・希爾（Napoleon Hill）
- 《百萬富翁快車道》（The Millionaire Fastlane），作者：德馬科（MJ DeMarco）
- 《有錢人想的和你不一樣》（Secrets of the Millionaire Mind），作者：T. 哈福・艾克（T. Harv Eker）
- 《財富大改造》（Total Money Makeover），作者：大衛・藍西（Dave Ramsey）

# 4 哈爾的創造早晨奇蹟——30天轉化人生的挑戰

## 快速啟動工具

只要三十天就能成為創造出你值得擁有的人生的那個你！

## 哈爾．埃爾羅德的歡迎信

歡迎加入「創造早晨奇蹟——30天轉化人生的挑戰」，我要為你有這個勇氣朝你真正想要、並值得擁有的「十分」成就踏出重要的一步而向你道賀。提升個人與事業上的成就必要採取的第一步行動往往十分困難，但卻是最重要的一步，因此，我在這裡向你致敬。

在往後的三十天內，你將為你的人生各方面奠定成功的基礎，並改變你的人生方向。每天早晨起床修習「創造早晨奇蹟」，你會培養出高度的自律（使自己堅守決心的重要能力）、清晰度（因為專注在最重要的事項上而產生力量），以及個人成長（這或許是對你的總體成就、快樂與生活品質最重要的決定因素）。換句話說，在未來三十天內，你將發現你很快就能成為可以創造出你夢想的人生的那個人。

你會因為讀到《上班前的關鍵1小時》中的一系列觀念而有所轉變，這些觀念可能會啟發你（你也許會有點緊張）去嘗試，然後進一步養成長期的習慣。這些習慣將使你持續成長，使你的生命提升到另一個階層……再提升到另一個階層，然後逐漸往上爬。你會開始發揮你的無可限量的潛力，並看到遠比你過去所能體驗到的更豐碩的成果。

除了培養成功的習慣之外，你還會培養出能改善你的人生的心態——內、外兩方面。每天練習「挽救人生六法」——靜心、肯定、觀想、運動、閱讀、書寫——對你的身、心、靈各方面都有絕大的好處。你會迅速感覺到壓力減輕、更能集中注意力、更專注、更快樂，對人生更感到喜悅。你會更有活力，思路清晰，更有動力朝你的最高目標與夢想（特別是你拖延已久的目標與夢想）努力。

記住，你現在的生活狀況可以改善，但那必須是你每天都投入一點時間將你自己培養成能改善現狀的那個人之後，你的現狀才會改善。這就是未來三十天內你要做的事——一個嶄新的開始，一個嶄新的你。

如果你對於你是否能完成這三十天的任務而感到猶豫或擔心，不要緊，這種感覺十分正常，尤其是假如你過去很難在早晨起床的話。這時候請記住，我們都是「後視鏡症候群」的受害者，所以，你會有點猶豫或緊張是正常的，但也因為這樣才顯示出你真的「準備」下定決心做出承諾（否則你不會緊張）！

我個人很為你高興，因為我知道你可以在短短三十天內成為什麼樣的人，並體驗到多少成長。未來三十天你將敞開你的心胸，面對可能的真相——冒險走出你的舒適圈，並為你所做的一切而感到驚喜。你有能力得到、並值得擁有你想要的人生中的一切。但能不能得到全靠你自己。現在正是你開始明白並全力發揮你的潛力的時候。

——你的朋友（以及指導你創造生命奇蹟的教練）

「哈哥」哈爾・埃爾羅德

（P.S.在繼續閱讀下一頁之前，我鼓勵你先到www.miraclemorning.com網站下載並列印「創造早晨奇蹟的2013年日記簿」樣本，你可以在「創造早晨奇蹟」三十天挑戰期間使用。我同時鼓勵你加入www.facebook.com/groups/MyTMMCommunity網站的「創造早晨奇蹟」社群。）

## 第一步——問答

「你現在的處境是過去的你造成的，但你的未來完全靠你現在選擇成為怎樣的人。」

「讓你的思路更清晰：利用重要的問答作好心理準備」記住：我們現在談的是「轉化生命」（在三十天內），和生命中的其他任何事一樣，這是值得做的一件事。想要從《上班前的關鍵1小時》中獲得成果，你必須先作好心理準備。你必須先花一點時間（大約三十到六十分鐘）回答下面五個意義深長、能讓你更清楚所為何來的問答題來完成初步的練習。你越關注這部分的練習，後面的每一步練習就會越有成效。

### 問題一：你比較感恩與專注你生命中的哪些方面？

我們的快樂與情緒無時無刻不是直接受到我們有意識地體驗到的感恩的程度所影響。可以這麼說：我們每一個人任何時刻都有可以專注的兩面，一面是我們覺得「不好」的一切，另一面是我們覺得「好」和感恩的一切。不快樂的人往往會以「我不是悲觀，我是務實」這句話為他們的負面心態與抱怨而辯護。這是真的嗎？一個把大部分時間都用在關注、執著、向其他人抱怨他們「不好」的那一面的人，會比選擇把大部分時間（我說的是95%~99%的時間）都專注在感恩，並告訴其他人我們「好的……很好的……超級好的」那一面的你、我更務實嗎？不會。兩面都是真實的，但你選擇（大部分時間）專注在哪一面就決定了你的內在生活品質。你越容許自己時常（以及更深地）對你的人生各方面懷著感恩之心（即使是你所面臨的挑戰和你能學到的教訓，以及你如何從中獲得成長），你就會越快樂、越健康，並且越有活力！所以，我要請你現在投入一點時間舉出（以及感受）一些讓你感恩的事……

______

______

______

**問題二：你想在未來30天內開始改善/轉變什麼？**

假如你明天能神奇地起床轉變你的人生，你想改變什麼？你想變得更快樂？更健康？更成功？身材更好？更有活力？壓力更少？更富有？你想解決什麼問題？你想實現哪些目標或夢想？好消息是你可以開始改變你的人生了……

______

______

## 問題三：你恐懼什麼，以致遲遲無法實現你的「10分」滿意的人生？

我們內心深處的恐懼（通常都潛伏在表面下，我們常會忽略）往往使我們遲遲無法提升到另一個層次，去達成我們個人或事業方面的所有希望。我們雖然都不喜歡老是去想我們恐懼的事（因為這一點也不好玩），但克服恐懼卻格外重要。你也許聽說過：「除了恐懼本身，其他沒什麼好恐懼的。」或者，「面對恐懼，恐懼就會消失。」你或許還聽過F.E.A.R. 這個縮寫字——「以假亂真」（False Evidence Appearing Real）。這些俗諺都是真實的。我們在做我們恐懼的事時，恐懼就會消失，因為我們的恐懼幾乎都是不知道，或者是最壞的情況（事實上，這種情況幾乎都不會發生），而不是任何有形的東西。所以，脆弱的部分沒有人看得到，但你要對自己誠實——也許要比過去更誠實——說出哪些恐懼、不安全感，及/或疑慮使你遲遲無法達成你夢想的人生……

## 問題四：你需要接受什麼信念才能創造出你的「10分」人生？

信念是宇宙中最強大、最有創造力的力量，每一個人都有。我們的生活各方面——好的或壞的，內心與外境——都受我們的信念影響。如果你相信，真的相信你努力就能獲得成功，你就會努力，直到成功為止。相反的，一個人如果不是真的相信他們有成功的權利，他們就會在遭遇第一個阻礙時便放棄。如果你相信你值得愛，你就會把愛吸引過來；你不相信，你就不會得到愛。如果你相信人通常是善良的，你就會在他們身上看到善與美；如果你認為人家都是來傷害你的，你就會受傷。因此，你有意識地、積極地增強你的信念去支持你信心滿滿地追求你一生中想要的一切，至為重要。經典名著《思考致富》的作者拿破崙・希爾說：「無論心裡想什麼和相信什麼，它都可以實現。」真是一點也沒錯。那麼，你需要什麼信念來支持你每天提醒自己：你和其他任何人一樣，有能力創造你想要的人生，並值得擁有它？

**問題五：為什麼你「必須」現在就開始轉化你的生命？**

這是我要求每一個「可能」接受我指導（人生／成功教練）的客戶必須回答的一個問題。我對他們說：「你必須先說服我和你自己，『為什麼』你決心痛改前非，去做任何能使你創造出你真正想要的人生的事。」所以，為什麼你不願意再安於你不滿意的人生？為什麼你現在要開始改變？

## 第二步——評量「生命之輪」

「評量『生命之輪』：了解你目前的成就與滿意度」如果要衡量我們生活各方面的成就／滿意度，我們都會希望我們過的是各方面都「10分」的人生。想創造出你的「10分人生」，你必須先誠實評估你目前的狀態。在劃分成一～十分的天平上（中央是0），評估你目前生活各方面的成就／滿意度，然後在0與你評量的分數之間塗上顏色（請參考下圖）。完成之後，你應該更了解你有哪些方面表現不錯，哪些方面需要在未來三十天內加強改善你的生活，以便創造出你夢想的「滿級分」人生。

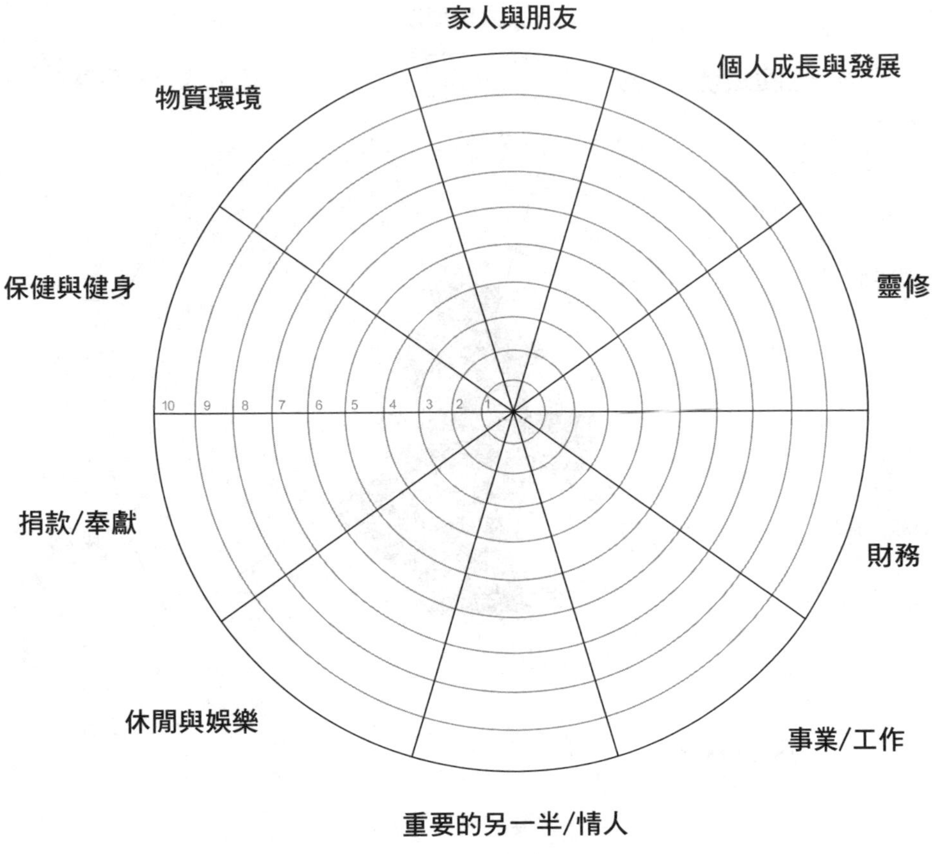
家人與朋友
個人成長與發展
靈修
財務
事業/工作
重要的另一半/情人
休閒與娛樂
捐款/奉獻
保健與健身
物質環境
10 9 8 7 6 5 4 3 2 1

# 完成後示意圖

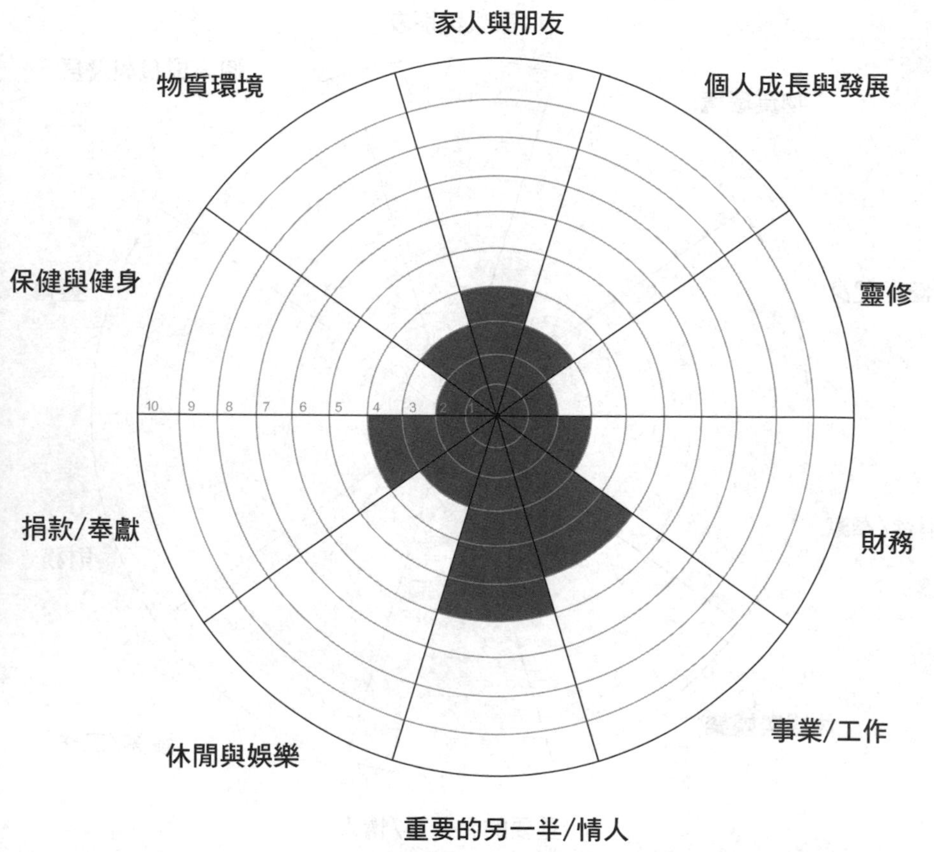
家人與朋友
個人成長與發展
靈修
財務
事業/工作
重要的另一半/情人
休閒與娛樂
捐款/奉獻
保健與健身
物質環境
10 9 8 7 6 5 4 3 2 1

## 第三步——你的「10分」願景

「每天朝著你的夢想大膽前進，拒絕停下腳步，你就能無往不利。」

**你的「10分」滿意度的願景：了解你的生活各方面的理想狀態。**利用「生命之輪」誠實評估你目前生活中的十個重要方面的成就與滿意度後，創造你的10分人生的下一步是經過仔細思考後定義它們的內涵。請在下面的空格內寫出你的10分人生願景，你才能立即展開行動，在「創造奇蹟的早晨——30天轉化生命的挑戰」期間向你的目標邁進。記住：你有能力去改變或創造你的人生——（每天）一步步改進。

**「家人與朋友」**：請寫出你對你和家人與朋友間的關係的10分願景。你要怎麼做才能提升它們的生命價值？你希望他們怎樣對待、鼓勵、支持你？你要怎麼做才能成為一個更好的朋友、家長、配偶、兄弟姊妹、兒子、女兒……等？

**「個人成長與發展」**：請寫出你的「10分」個人成長願景。你想閱讀幾本書？你想一個星期實踐多少天的「創造奇蹟的早晨」？你想找一位良師益友一起合作嗎？你想請一位專業教練嗎？你想參加什麼樣的座談會？

---

---

---

**「保健與健身」**：請寫出你的「10分」保健與健身的願景。你都吃什麼？不吃什麼？你多久運動一次？你對運動有什麼看法？請寫出你想要的身體能量。

---

---

---

**「財務」**：請敘述你的「10分」財務狀況願景。你想賺多少錢？想存多少錢？想捐多少錢給慈善機構？你想解決什麼財務問題？請寫出你心目中你和你所愛的人可能享受的自由與生活方式。

**「事業／工作」**：請敘述你的「10分」職業生活。你想做什麼？你想和誰共事？你想在什麼地方工作？（家中、辦公室、出差等）你想影響多少人？你有創業、寫作……等的夢想嗎？你真正想要的是什麼？

**「物質環境」**：請敘述你的「10分」生活與工作環境。你想住在什麼地方？你想改變什麼需求？如果每天都生活在你的「10分」物質環境中，你會有什麼感覺？

**「休閒與娛樂」**：生活就是要享受，請敘述你理想中的「10分」休閒與娛樂。你最喜愛的嗜好是什麼？你熱愛什麼？你想多做一些什麼樣的活動？

**「重要的另一半／情人」**：請寫出你和你目前的（或即將確認的）重要的另一半的「10分」關係。你想要什麼？更重要的：你如何才能成為能吸引你的夢中情人的那個人？

**「捐款／奉獻」**：請敘述你認為「10分」的滿意度有何重要性。幫助別人有多麼重要？你想奉獻多少時間、金錢與資源來回饋社會？你想幫助哪些族群或組織？

**「靈修」**：請說出怎樣才是你生活中的「10分」靈修。你每天會願意花多少時間靜心？你想多久上一次教堂？你如何改善你與神之間的關係？

## 第四步——「10分」的習慣

卓越人生就是持之以恆地每天在最重要的方面努力改善。

——羅賓・夏瑪

**「10分」的習慣：培養必定會讓你獲得成功的日常生活作息。**如同《上班前的關鍵1小時》書中第九章——〈從難以忍受到停不下來〉——所闡述，你可以在30天內養成或改變任何習慣，而且你的各方面成就幾乎都來自你所培養的習慣。請在下列各項舉出一個或二個你可以在「創造奇蹟的早晨——30天轉化生命的挑戰」期間開始建立的習慣。

**「家人與朋友」**：你現在可以培養哪些習慣來創造你與家人和朋友間的「10分」關係？每天打電話問他們你該怎麼做才能提升他們的生命價值？還是告訴他們，他們在你心目中的重要性？

1. ____________________

2. ____________________

**「個人成長與發展」**：你現在可以培養哪些習慣來幫助你建立心態、知識與技術，使你成為可以創造出你值得擁有的「10分」人生的那個人？雖然「創造奇蹟的早晨」是個明顯的答案，但除此之外，你還能怎麼做？邊開車邊收聽勵志錄音帶？還有呢？

1. ____________________

2. ____________________

**「保健與健身」**：你現在可以培養哪些保健與健身的習慣？每天跑步？上健身房？不吃速食？

1. 

2. 

**「財務」**：你現在可以培養哪些能促使你邁向財務自由的習慣？10%的收入用來儲蓄？減少花費？

1. 

2. 

**「事業／工作」**：你現在可以培養哪些習慣，向你的「10分」事業／工作邁進。

1. 

2. 

**「物質環境」**：你現在可以培養哪些習慣來改善你的環境？每天整理？重新裝潢？

1. 

2. 

**「休閒與娛樂」**：你現在可以培養哪些習慣，使你的生活變得更有趣？你最喜歡的嗜好？活動？

1.

2.

**「重要的另一半／情人」**：你現在可以培養哪些習慣來吸引或建立你的「10分」關係？

1.

2.

**「捐款／奉獻」**：你現在可以培養哪些有助於你奉獻的習慣？每個月撥出一點錢捐給慈善機構？將你的時間奉獻給慈善機構？你每個星期能奉獻多少時間？當大哥哥或大姊姊？你會產生什麼共鳴？

1.

2.

**「靈修」**：你現在可以培養哪些習慣來加深或加強你的靈修？每天禱告？冥想？上教堂？

1. ______________________

2. ______________________

## 第五步——（30天）轉化追蹤表

**「30天轉化追蹤表」：藉著追蹤每天的進度來培養持之以恆的習慣。**為了開始快速啟動「創造早晨奇蹟」，你必須開始充分體驗「創造早晨奇蹟」，包括提升個人成長的「挽救人生六法」中的六種練習，並且每天追蹤你的進度。除了「挽救人生六法」（見下頁表）之外，請你從前文選出四種你想在未來30天內建立的習慣，以便大幅度改善你認為最重要的一面。追蹤你的進度好處多多，因為你每一次堅持練習你的「10分」習慣時，它們都能帶給你有形的正向力量。

| 「10分」習慣 | 靜心 (TMM) | 肯定 (TMM) | 觀想 (TMM) | 運動 (TMM) | 閱讀 (TMM) | 書寫 (TMM) | | | | |
|---|---|---|---|---|---|---|---|---|---|---|
| 1 | | | | | | | | | | |
| 2 | | | | | | | | | | |
| 3 | | | | | | | | | | |
| 4 | | | | | | | | | | |
| 5 | | | | | | | | | | |
| 6 | | | | | | | | | | |
| 7 | | | | | | | | | | |
| 8 | | | | | | | | | | |
| 9 | | | | | | | | | | |
| 10 | | | | | | | | | | |
| 11 | | | | | | | | | | |
| 12 | | | | | | | | | | |
| 13 | | | | | | | | | | |
| 14 | | | | | | | | | | |
| 15 | | | | | | | | | | |
| 16 | | | | | | | | | | |
| 17 | | | | | | | | | | |
| 18 | | | | | | | | | | |
| 19 | | | | | | | | | | |
| 20 | | | | | | | | | | |
| 21 | | | | | | | | | | |
| 22 | | | | | | | | | | |
| 23 | | | | | | | | | | |
| 24 | | | | | | | | | | |
| 25 | | | | | | | | | | |
| 26 | | | | | | | | | | |
| 27 | | | | | | | | | | |
| 28 | | | | | | | | | | |
| 29 | | | | | | | | | | |
| 30 | | | | | | | | | | |

說明：每天有進行你的作息就打「×」，（事先）計畫休息就打「○」，想做但沒有做就留下空白。
你肯定會想把「錯過」的天數減到最少，但千萬記住，個人成長是追求進步，不是追求完美。

# 完成後的範例（沒有錯過任何一天）

| 「10分」習慣 | 靜心(TMM) | 肯定(TMM) | 觀想(TMM) | 運動(TMM) | 閱讀(TMM) | 書寫(TMM) | 審查目標 | 打 30通業務電話 | 不吃速食 | 約會之夜 |
|---|---|---|---|---|---|---|---|---|---|---|
| 1 | X | X | X | X | X | X | X | X | X | O |
| 2 | X | X | X | X | X | X | X | X | X | O |
| 3 | X | X | X | X | X | X | X | X | X | O |
| 4 | X | X | X | X | X | X | X | X | X | O |
| 5 | X | X | X | X | X | X | X | X | X | O |
| 6 | X | X | X | X | X | X | X | O | X | X |
| 7 | O | O | O | O | O | O | O | O | O | O |
| 8 | X | X | X | X | X | X | X | X | X | O |
| 9 | X | X | X | X | X | X | X | X | X | O |
| 10 | X | X | X | X | X | X | X | X | X | O |
| 11 | X | X | X | X | X | X | X | X | X | O |
| 12 | X | X | X | X | X | X | X | X | X | O |
| 13 | X | X | X | X | X | X | X | O | X | X |
| 14 | O | O | O | O | O | O | O | O | O | O |
| 15 | X | X | X | X | X | X | X | X | X | O |
| 16 | X | X | X | X | X | X | X | X | X | O |
| 17 | X | X | X | X | X | X | X | X | X | O |
| 18 | X | X | X | X | X | X | X | X | X | O |
| 19 | X | X | X | X | X | X | X | X | X | O |
| 20 | X | X | X | X | X | X | X | O | X | X |
| 21 | O | O | O | O | O | O | O | O | O | O |
| 22 | X | X | X | X | X | X | X | X | X | O |
| 23 | X | X | X | X | X | X | X | X | X | O |
| 24 | X | X | X | X | X | X | X | X | X | O |
| 25 | X | X | X | X | X | X | X | X | X | O |
| 26 | X | X | X | X | X | X | X | X | X | O |
| 27 | X | X | X | X | X | X | X | O | X | X |
| 28 | O | O | O | O | O | O | O | O | O | O |
| 29 | X | X | X | X | X | X | X | X | O | O |
| 30 | X | X | X | X | X | X | X | X | O | O |

## 哈爾・埃爾羅德的勵志語錄

- 你在創造你夢想的人生時就要愛你現在的生活，不要認為你必須選擇其中之一。
- 不要追求完美，要追求真實。真實展現你的本色，愛真實的你，別人也會愛你。
- 要知道目前的處境是暫時的，並且要知道你該往何處去。現在的你應該知道你必須學習什麼，你才能成為能創造你所夢想的一切的那個人。
- 即便生活困頓或充滿挑戰——尤其是生活困頓或充滿挑戰——現在永遠是我們學習、成長、進步的契機。
- 你和這個星球上的其他任何人一樣，值得擁有快樂、健康、財富與成就！要相信它，從你的內心深處去相信它，然後今天就採取必要的行動，開始創造你值得擁有的卓越人生。
- 感恩你所擁有的一切，接受你的缺憾，主動創造你的夢想。
- 你承擔生命中的一切責任那一刻，就是你重新獲得力量去改變或創造你的人生的那一刻。
- 讓今天成為你生命中最美好的一天，因為沒有理由不是最美好的一天。
- 你現在的處境是過去的你造成的，但你的未來完全靠你現在選擇成為怎樣的人。
- 「每天朝著你的夢想大膽前進，拒絕停下腳步，你就能無往不利。

# 5 房地產仲介，創造奇蹟的早晨——現在正是你崛起、發光發亮的時候！

## 睡前自我肯定

每天晚上睡覺前朗讀這些「睡前自我肯定」，第二天醒來時你會有不一樣的感受！

1.我已完成每天的任務，準備迎接明天的到來，包括把「創造早晨奇蹟」所需要的一切準備工作都做好。我的鬧鐘遠離我的床鋪，所以我必須起床關掉鬧鈴。我已設定好起床時間，並很清楚起床後要做什麼。我以正向的期待與興奮感等著迎接明天早晨，因為我知道選擇早起，過「創造早晨奇蹟」的生活，能讓我獲益良多。它將使我成為能輕鬆地、持續地吸引、創造、維持我真正想要的人生的那個人。

2.我今天晚上要在＿：＿ PM 上床睡覺，明天早晨＿：＿ AM起床，所以我會有＿小時的睡眠。這是充足的睡眠；事實上，這正是使我明天得以精神抖擻工作所需要的睡眠。我的心控制著我的身，我只要告訴自己，我需要多少睡眠，然後選擇去相信它就可以了。歷史上許多高成就者都只睡四到六小時，我不容許自己墜入自我限制的信念，以為多睡一點才能改善我的生活。事實上，那樣反而會嚴重危害我的壓力承受度、財務、人際關係、事業及生活目標。我明白，我的生活品質仰賴我明天準時起床。

3.我明天早上要在＿＿：＿＿AM起床，這樣我才更有可能完成這個星期、這個月、這一年，以及往後的人生目標。我決心明天按時起床，因為：（一）這樣我才能養成自律的習慣，為各方面的成就奠定基礎。（二）我知道我如何展開每一天是我創造人生的關鍵，因為我的每一天就是我的人生。我不再認同自己更差的表現。

4.不管我幾點睡著、我夢到什麼、我此刻感覺多麼疲倦或無所適從，或我要在幾點起床，明天早晨＿＿：＿＿我都會精神抖擻地跳下床，創造我夢想的卓越人生，我值得擁有的人生。

我在這篇改變生命的自我肯定與決心的宣言上簽名，並在每天晚上睡前宣讀。

簽名：＿＿＿＿＿＿＿＿　日期：＿＿＿＿＿＿＿＿

# 6 創造早晨奇蹟日記簿——初版

「我對寫日記唯一感到後悔的是我拖了這麼久才開始寫日記。」

——哈爾・埃爾羅德

CONTENTS

## 這本《創造早晨奇蹟日記簿》屬於：

姓名 ____________

住址 ____________

電話 ____________

傳真號碼 ____________

電子郵件 ____________

網站／部落格 ____________

推特 ____________

## 我的《創造早晨奇蹟日記簿》誓言：

我，____________，我決心每天書寫我的「創造早晨奇蹟」日記，因為我知道這樣做能使我增強分析事理的清晰度、自覺，更堅定決心去追求我想創造的人生目標、夢想和奇蹟。萬一漏了一天沒寫（因為有時我接不到人生投給我的曲線球），我保證第二天會回憶那些重要事件、教訓，以及我感恩的一切，將我的日記簿內容補全。我相信我和這個地球上的其他任何人一樣有價值、有能力，並值得擁有非凡的健康、快樂、財富和成就。從今天開始，我將過著符合這個事實的生活。

簽名：＿＿＿＿＿＿＿＿＿＿ 日期：＿＿＿＿＿＿＿＿＿＿

## 特別邀請　加入創造早晨奇蹟社群

《上班前的關鍵1小時》的粉絲與讀者組成了一個志同道合的社群，每天早晨有目的地起床，決心充分發揮我們每個人都具有的無限潛力。身為「創造早晨奇蹟」創始人，我有責任建立一個網路空間，讓讀者與粉絲都能在這裡互相交流，相互鼓勵，分享觀念，相互支持，討論這本書，上傳視頻，找到一個責任夥伴，甚至可以交換精力湯食譜和運動作息。

請連結 www.facebook.com/groups/MyTMMCommunity 網站，加入「創造早晨奇蹟社群」，和其他志同道合的夥伴相互鼓勵，共同創造奇蹟。你可以在這裡和其他同樣也在實踐「創造早晨奇蹟」的夥伴交流——其中有許多人已行之有年——在你的創造奇蹟之旅上取得更多的支持。

我會定期上網探望你們，期待在那裡見到你！

如果你想在推特上和我聯繫，請追蹤 @HalElrod，臉書請加入 Facebook.com/

YoPalHal。你可以直接傳遞訊息給我，或者留話或提問，我會盡快回覆每一個人。現在就讓我們早日聯繫吧！

誠摯地感激你

——哈爾

## ○說明 如何利用你的《創造早晨奇蹟日記簿》

歡迎！恭喜你開始每天要花一點時間在這本《創造早晨奇蹟日記簿》記錄你的生命之旅。下面你將快速檢視如何利用你的日記簿去獲得最大的效益和成果。

你的《創造早晨奇蹟日記簿》設計有日、週、年的格式，並印有日期供你在一年當中的每一天去記錄你的日常生活作息。你會發現每一週、每半年，以及每一年結束時，會有一個地方讓你回顧並善加利用你在這段期間得到的重大教訓與成就。

### 日：每天增強你的自覺

每天寫你的《創造早晨奇蹟日記簿》，很快就能養成習慣，只要花一點點力氣就能為你的人生增添龐大的價值。書寫《創造早晨奇蹟日記簿》是一種穩妥的方式，不但能幫助你建立自覺與潛意識心態去創造卓越的成就，同時還能立即改善你的個人觀念，並且與時俱增。

## 週：每週檢討、學習與改進

你的《創造早晨奇蹟日記簿》規劃了「每週檢討」的空間，供你檢討過去一週每天的日記內容，了解你的成果和過失。你將從你的成敗中學到教訓，你也因為願意誠實地回顧你自己和你的生活，而成為更好的你。

## 挽救人生六法——追蹤你每天的進度

如果你已閱讀過《上班前的關鍵1小時》這本書，你一定知道「挽救人生六法」是專為提升個人成長而設計的，能大幅度轉變你的人生。萬一你還沒有讀過這本書，或只讀了一點點，那麼下面有這一章的摘錄——「挽救人生六法」：保證將你從沒有充分發揮潛力的人生挽救回來的六種修習方法。

「挽救人生六法」的最後一個字母「S」代表「書寫」（我最喜愛的書寫方式就是寫日記），下面我要再告訴你一些有效利用《創造早晨奇蹟日記簿》書寫的秘訣。

## 六分鐘創造早晨奇蹟

如果你覺得你很忙——忙得沒有時間去做你知道對你有益的事——你就必須閱讀〈六分鐘創造早晨奇蹟〉，教你如何每天只要花六分鐘去修習「挽救人生六法」，每一種方法一樣可以得到絕大的利益。

# 結語

記住，任何時候你建立新的習慣、改變或作息，幾乎都會覺得有點不舒服。如果你對開始寫日記感到焦慮或恐懼，你應該知道這是正常現象。事實上，如果不焦慮就是不正常！（我這樣說當然沒有惡意。）

我相信你早已從經驗中得知，跨出第一步總是最困難的事，但之後的每一步就會越來越容易。所以，請你現在就跨出你的第一步。你可以從閱讀「挽救人生六法」——了解這六種保證將你從沒有充分發揮潛力的人生挽救回來的修習方法——開始下手。或者，你也可以直接翻到今天的日期，開始在你的《創造早晨奇蹟日記簿》上書寫（或兩者同時進行）。

不管哪一種方式，你都是在賦予自己每天寫日記的才能，而它是你所能體驗到的轉變生命的最有效的修行方法之一。讓奇蹟開始出現吧！

## 「創造早晨奇蹟」52週中的第一週

### 一月（1／52週）

一週最高目標／決心——我100％決心在本週達成的三到五個最高目標是：

「挽救人生六法」：每天完成練習後在空格內做記號

靜心 □M □T □W □Th □F □S □S

肯定 □M □T □W □Th □F □S □S

觀想 □M □T □W □Th □F □S □S

運動 □M □T □W □Th □F □S □S

閱讀 □M □T □W □Th □F □S □S

書寫 □M □T □W □Th □F □S □S

星期一「　　」我已準備／決心在這一年做出最好的表現。

星期二【　　　　】在創造我夢想的人生之際，我也愛我現在的生活。

星期三【　　　　】我每天都要認真實踐「創造早晨奇蹟」，成為能創造我真正想要並值得擁有的人生的那個人。

星期四【　　　　】我感激我所擁有的一切，接受我的缺憾，同時積極創造我想要的一切。

星期五【　　　　】每個人都有值得分享的東西，因此我要向每一個人學習。

星期六【　　　　】我不再要求完美，我要做真實的自己。

星期日【　　　　】我從錯誤中學習，並決心每個星期都要更進步。

**一週回顧** 這一週我有什麼成果和缺失？我現在要如何承諾下週一定改進？

## 一月（2/52週）

一週最高目標／決心——我100％決心在本週達成的三到五個最高目標是：

「挽救人生六法」：每天完成練習後在空格內做記號

| | | | | | | | |
|---|---|---|---|---|---|---|---|
| 靜心 | □M | □T | □W | □Th | □F | □S | □S |
| 肯定 | □M | □T | □W | □Th | □F | □S | □S |
| 觀想 | □M | □T | □W | □Th | □F | □S | □S |
| 運動 | □M | □T | □W | □Th | □F | □S | □S |
| 閱讀 | □M | □T | □W | □Th | □F | □S | □S |
| 書寫 | □M | □T | □W | □Th | □F | □S | □S |

星期一【　　　　】為了成為能創造我想要的人生的那個人，現在正是我必須努力學習的時候。

---

星期二【　　　　】擔憂就是用錯了想像力，所以我要讓我的想像更高遠。

---

星期三【　　　　】我有能力完成我下決心去做的任何事。

---

星期四【　　　　】我努力讓每一天成為我一生中最美好的一天，因為沒有理由不是最美好的一天。

---

星期五【　　　　】無論如何開始，我都要堅持完成本週的目標。

---

星期六「　　」感謝上蒼賜給我週末禮物。

星期日「　　」我決心更努力，使下週比這一週更好。

**一週回顧**　這一週我有什麼成果和缺失？我現在要如何承諾下週一定改進？

## 一月（3/52週）

一週最高目標／決心－我100％決心在本週達成的三到五個最高目標是：

「挽救人生六法」：每天完成練習後在空格內做記號

靜心　□M □T □W □Th □F □S □S

肯定　□M □T □W □Th □F □S □S

觀想 □M □T □W □Th □F □S □S

運動 □M □T □W □Th □F □S □S

閱讀 □M □T □W □Th □F □S □S

書寫 □M □T □W □Th □F □S □S

星期一［　　　　］我愛我的人生，因為我只有這一生。

---

星期二［　　　　］我心平氣和接受我無法改變一切的事實。

---

星期三［　　　　］只要我有能力，我會盡力去改變一切。

---

星期四［　　　　］別人雖然甘於平凡，但我不會。

---

星期五［　　　　］我和其他任何人一樣有能力成功，並且應該成功。

星期六〔　　　　〕我注定要成就大事——我選擇什麼我就成就什麼。

星期日〔　　　　〕我的挑戰就是讓我學習與成長的機會。

**一週回顧**　這一週我有什麼成果和缺失？我現在要如何承諾下週一定改進？

## 一月（4／52週）

一週最高目標／決心－我100％決心在本週達成的三到五個最高目標是：

「挽救人生六法」：每天完成練習後在空格內做記號

靜心　□M □T □W □Th □F □S □S

肯定　□M □T □W □Th □F □S □S

觀想　□M □T □W □Th □F □S □S

運動　□M □T □W □Th □F □S □S

閱讀　□M □T □W □Th □F □S □S

書寫　□M □T □W □Th □F □S □S

星期一【　　】我知道今天是我一生中最重要的日子，因為我今天做什麼和成為什麼人將決定我的未來。

---

星期二【　　】我無時無刻不是心懷感恩和喜悅。

---

星期三【　　】我每天有目的地起床創造我的人生。

---

星期四【　　　】我知道我現在的處境是過去的我造成的，但我的未來完全仰賴我選擇從今天起成為什麼樣的人。

星期五【　　　】我無條件地愛自己也愛他人。

星期六【　　　】凡事必出之有因，但我有責任為我生命中的事件和挑戰選擇最有力的原因。

星期日【　　　】我有能力改變我的人生，或創造我生命中的一切。

**一週回顧** 這一週我有什麼成果和缺失？我現在要如何承諾下週一定改進？

## 一年的回顧 教訓＋新的承諾＝最好的一年

創造奇蹟的一年又過去了！又到了回顧你的「創造早晨奇蹟」的理想時刻。請回答下面四個簡單但重要的問題，據此來評估你這一年的成果。這個威力強大的總檢討（你從上半年的回顧中已體驗過它的威力）能增強你的自覺，使你從過去一年的努力中汲取寶貴的經驗，這樣你才能調整與改進，使你來年的生活各方面都能比這一年更提升到另一個層次。

記住：這個練習非常重要，因此我建議你安排幾個小時的時間重溫這一年的日記，然後回到這一頁回答下面四個有關「最好的一年」的問答題。現在就開始作答。如果現在沒空，請你盡快排出時間……

### 四個「最好的一年」問答題
### 使你的下一年成為你這一生中最好的一年！

使你的人生在未來六個月提升到另一個層次的四個問答題：

記住，這四個問題非常重要，我第一次做這個練習時因為太震撼了，以致花了一整個週末的時間思考我的答覆。（注意：你可以在十分鐘內回答這些問題，也可以花十個鐘頭回答問題。所以你不一定要像我一樣，把整個週末都花在這上面。）

下面是你要回答的四個「我的進步的半年」問答題，然後你要在未來幾天採取幾個特定行動，它們能幫助你去實現你從這個練習獲得的價值觀。

1. 我有什麼成就？
2. 我最大的缺失是什麼？
3. 我從成就和缺失分別學習到什麼寶貴的經驗？
4. 我下一年的「前三名」成功指標是什麼？

## Q1——我有什麼成就？

不幸的是，多數人都發現我們更容易，並傾向花更多時間與精力去探討我們的缺失，卻不去肯定我們的成就。但我們都有缺失也有成就，而把時間和精力浪費在探討我們的缺失和我們「沒有實現的成就」，只會讓我們意志消沉，危害我們的自信心。只有靠肯定我們的成就，我們才能改善我們的自我形象，增強我們的自尊和力量，未來才會有更高的成就。

我第一次回答這些問題時，盡可能把我能想到的成就都寫下來（有大有小），結果洋洋灑灑列出四十二條。想不到我因此對我的上半年的觀感開始改變了。我明白我並不是像我一直告訴自己的那麼落後。於是我容許自己對我所有的成就感到安慰。事實上，我甚至閉上眼睛，微笑著一遍又一遍告訴自己：「你今年的表現很好，哈爾……你今年的表現很好，哈爾！」你也許會覺得好笑，但花點時間肯定自己，肯定我所有的成就，那種感覺真好！你不妨也試試看，我想你一定會對它的成效感到驚喜。

## Q2——我最大的缺失是什麼？

雖然沒有必要撻伐我們的缺失，而且這麼做也不是什麼特別健康的舉動，但我們還是有必要主動了解我們的缺失，從中學習，然後放下它。那麼，我們去年有什麼地方讓自己和他人失望？我們有什麼目標沒有完成？還有什麼壞習慣我們沒有戒除？

缺失也是人生的一部分，我們都有缺失。但只要我們從缺失中學習，它們也可以幫助我們成長和改進，以後不再繼續犯錯。當你回顧上半年時，什麼是你最大的缺失？

## Q3——我從成就和缺失分別學習到什麼寶貴的經驗？

我學到一個持續帶給我力量讓我去改善我的人生的寶貴的一課就是「從萬事萬物中學習」。提到從我們的「成就」中學習，我們學到的是能激勵我們、啟發我們，或能讓我們完成一切的寶貴經驗。至於從我們的「缺失」中學習，我們可以學習到什麼思想、行為、行動、情緒或習慣，使我們去做、或不做會令我們失望的事，然後將這些寶貴的經驗內化為我們的一部分。我們最大的缺失往往最能夠激勵我們大幅度轉變我們的生命。

## Q4——我未來六個月的「前三名」成功指標是什麼？

一旦了解你的成就和你的缺失，你也已經分別從這兩者汲取最寶貴的改變生命的經驗之後，接下來對你幫助最大的應該是挑選出你的「前三名」指標，讓你在來年仍維持在正軌上。你可以把你的三個最寶貴的經驗寫下來，貼在每天都能看到的地方，這樣有助於你每天專注在這些能大力衝擊你、改善你今年和往後的生活的目標上。

以下是我想到的前三名「成功指標」：

1. 一次只專攻一個計畫（或工作），完成後再進行下一個。
2. 不是我的天分與專長的工作委派他人去做。
3. 以歡喜心做每一件事，並以無條件的愛和真正感恩的心去完成它們。

那麼，你未來六個月的前三名成功指標是什麼？

1.

2.

3.

## 結語

恭喜你完成了第一年的《創造早晨奇蹟日記簿》探索之旅。祝福你事事如意、健康、成功。

請上網www.MiracleMorningJournal.com 訂購你的下一年度《創造早晨奇蹟日記簿》！

## 推崇與讚譽！

你可以上網www.MiracleMorning.com免費下載本書部分內容。

《上班前的關鍵1小時》能立即徹底改變你生命中的任何方面或全部，如果你想現在就開始改善你的人生，我強力推薦你立刻閱讀這本書！

**——電影《豪情好傢伙》本尊、聖母大學美式足球員／魯迪・休廷傑**

你偶爾會讀到一本改變你的人生觀的書，但難得找到一本能改變你的生活方式的書。

《上班前的關鍵1小時》兼具這兩項優點，而且能夠比你想像的更迅速、更有效地改善你的人生！

——**前雅虎資深主管／提姆・桑德斯**

一開始我認為哈爾瘋了，幹嘛天天那麼早起床?!我滿肚子疑問……直到我親自實驗。當我採用哈爾的方法後，我發現我的生活與事業立即有了改變。《上班前的關鍵1小時》教你如何掌握你的人生，無論你有怎樣的過去。我在此強力推薦！

——**電視節目主持人、青少年行為專家／喬許・席普**

閱讀《上班前的關鍵1小時》就是送你自己一個每天早晨醒來充滿能量的禮物。停止一再拖延創造你想要過和你值得過的人生的時候到了！我推薦你閱讀這本書，試試看如何改變你的人生。

——**全球商務引薦平臺BNI創辦人兼執行長／艾文・米斯納博士**

哈爾給了我們一本我們自己認為難以企及的成功、快樂與幸福的藍圖，而且方法如此簡單，任何人在任何處境之下都可以轉化他們的人生！

——**「《心靈雞湯：美國偶像篇》共同作者／黛博拉・波納曼**

## 7 房地產仲介創造早晨奇蹟　你崛起與發光發亮的時候到了！

每天朗讀這些威力強大的自我肯定，把自己提升到另一個層次！

### 自我肯定範例

1. 我和世上其他任何人一樣有能力、並且值得達成我的所有目標，獲得成功，而唯一使我無法如願的因素就是沒有足夠的決心和承諾。因此，從現在起，我要以100％決心和承諾成為——透過每天的個人成長和自我約束——能吸引、創造、維持——並值得擁有——我這一生真正想要的成功水平的那個人。

2. 我知道這樣做，我必須下決心堅持我的目標，做「對的」事（而不是做「容易的」事），而且這個決心要比過去更堅定。我承諾每天至少複述一遍這些「肯定與承諾」——每天早晨起床（進行我的「創造早晨奇蹟」時）複誦，理想的情況下，每天晚上睡前再複誦一遍——然後立即採取必要的行動去實踐。

3. 我不再勉強接受低於我的能力水平的成果。我有責任過充分展現能力的生活並達成我的目標，為我身邊的人做榜樣。為了創造我希望的人生，我不能等到某一天或某一年，我現在就要開始行動。

4.我充分了解如果沒有真誠與正直為基礎，成功不能久長。因此，我要把他人的福祉牢記在心中，絕不做自私自利或對他人不利的事。我要消除仇恨、羨慕、嫉妒、自私與憤世嫉俗的心態，培養對所有人的愛心，因為我知道以負面態度對待他人永遠不可能成功。我會因為相信別人和相信自己，使別人也相信我。

5.我每天會大聲朗讀一遍這份自我肯定，相信它一定會逐漸影響我的思想與行動，使我成為我知道我可以做到的那個自立自強的人。從今天起，和往後的每一天，我選擇創造我生命中最美好的一天。

簽名：＿＿＿＿＿＿＿＿ 日期：＿＿＿＿＿＿＿＿

# 8 創造早晨奇蹟 一天一杯精力湯

**一天一杯精力湯增強你的健康與能量！**

實驗證明生機飲食，例如新鮮水果與蔬菜，能大幅度增強你的能量，提高專注力與清晰度，促進健康，預防疾病，同時提高你的生活品質。記得有句俗話說：「人如其食。」照顧好你的身體，你的身體才會照顧你！今天就下決心讓調製這杯改變生命的精力湯成為你的日常作息之一，你會立即感受到它帶給你充沛的活力！

——你的創造神奇生活的朋友（與教練）

「哈哥」哈爾・埃爾羅德

**神奇能量精力湯（忙碌版）**（可加入冰塊一起打）

- 1杯水，橘子汁，或杏仁奶/豆漿（*建議豆漿僅供女性食用）
- 1根香蕉（可冷凍）
- 1小把菠菜（可冷凍）

**神奇健康精力湯（完整版）**（*增加上述食材……）

- 1片瑞士甜菜葉或羽衣甘藍菜（提醒：羽衣甘藍菜的味道比較強烈！）
- 1小把綜合莓果（可冷凍）或一顆芒果

*上述食材多半都可以在你家附近的超市買到，強烈推薦買「有機的」。

**「營養及健康價值分析」見後文。

***你可以增減食材，效果一樣不變。如果你家的果汁機夠大，你也可以增加分量。

**營養與健康價值分析**

**豆漿**（建議僅供女性食用）是低飽和脂肪且膽固醇極低的食物。它同時也是維生素E（阿爾發生育醇）、鐵、鎂、磷、銅與硒極好的補充來源。它同時富含維生素A、維生素B12與錳。豆漿是一種重要的黃豆食品，有益健康。研究結果顯示，黃豆可預防乳癌，預防與減緩攝護腺癌，還能抵抗心臟疾病、骨質疏鬆、糖尿病及腎臟疾病。黃豆食品，包括豆漿，被視為能減輕更年期症狀和保護眼睛。除了含有豐富的蛋白質及纖維之外，豆漿最大的好處是含有大豆異黃酮。聽起來好像有點難懂，但大豆異黃酮基本上是和雌激素極為相似的化學物質。大豆異黃酮和所有的健康問題都有密切關係，能預防許多種癌症、心臟疾病、骨質疏鬆症，及其他許多疾病。

**杏仁奶**（比豆漿更適合男性食用）能提供我們每日需要的鈣質與維生素D，A，E。它所含的維生素E就能補充我們一天需要量的50%。它沒有飽和脂肪，而且它的鉀含量大於它的鈉含量。但嚴格限制攝取鹽分的人還是必須小心，因為它每一份的鈉含量仍有150mg的鈉，類似香草。避免攝取太多糖分的人也要小心，因為它含有15g的糖（濃縮甘蔗汁的形式），碳水化合物的總含量有16g（但原漿只含8g的碳水化合物）。它是由過濾水和原漿調和而成，比一般豆類飲料所含的熱量少25%，如香草杏仁奶的熱量就有九十卡。它不含麩質和乳糖，也沒有常見的過敏原。

**香蕉**的飽和脂肪、膽固醇和鈉的含量都很低。它是很好的膳食纖維、維生素C、鉀與錳的補充來源，且富含維生素B6。一杯香蕉就能提供1,918mg以上的十八種重要的胺基酸。香蕉有益人體，對於一般人、限制飲食的人，甚至運動員，香蕉都比大部分水果更健康。香蕉所含的碳水化合物及B群維生素能補充活力，運動前三十分鐘，或早餐時吃一根香蕉，有助於增加活力，展開一天的生活。

**菠菜**的飽和脂肪和膽固醇含量都很低，是很好的菸鹼酸與鋅的補充來源，含有豐富的膳食纖維、蛋白質、維生素A、維生素C、維生素E（阿爾發生育醇）、維生素K、硫胺素、核黃素、維生素B6、葉酸、鈣、鐵、鎂、磷、鉀、銅及錳。二十種重要的胺基酸中，超級食物菠菜就含有十八種，有助於鍛鍊肌肉和維持最佳健康狀態。事實上，單單一杯生菠菜就能提供超過809mg的重要胺基酸。

**瑞士甜菜**的飽和脂肪與膽固醇含量極低，它也是很好的硫胺素、葉酸與鋅的補充來源，並且同樣含有豐富的膳食纖維、維生素A、維生素C、維生素E（阿爾發生育醇）、維生素K、核黃素、維生素B6、鈣、鐵、鎂、磷、鉀、銅、胡蘿蔔素及錳。人體

DNA編碼中不可或缺的二十種重要胺基酸中，瑞士甜菜就含有十種，以及九種不同的維生素，其中有一部分前面已經提過。

**羽衣甘藍**的飽和脂肪與膽固醇含量都很低，它也是很好的膳食纖維、蛋白質、硫胺素、核黃素、葉酸、鐵、鎂、磷，以及維生素A、維生素C、維生素K、維生素B6、鈣、鉀、銅、錳的補充來源。它同時也含有多種重要的胺基酸，包括色胺酸、蘇胺酸、異亮胺酸及離胺酸。

**芒果**是很好的膳食纖維與維生素B6的補充來源，含有豐富的維生素A和維生素C。100g芒果肉就含有1990ug的胡蘿蔔素（維生素A），比其他水果的胡蘿蔔素含量高出很多。芒果的類胡蘿蔔素總含量會隨著果肉的成熟度而增加。盛產期吃芒果可以將維生素A儲藏在肝臟內維持一整年，對人體很有幫助，能有效預防維生素A的不足。

更多的免費資源、介紹及把愛傳出去

1. 加入www.facebook.com/groups/MyTMMCommunity網站「創造早晨奇蹟」社群
2. 可利用www.miraclemorning.com網站上的免費資源
3. 免費閱讀與觀賞MiracleMorningBlog.com網站上的文章與視頻
4. 在MiracleMorning.com網站上免費與他人分享創造早晨奇蹟
5. 在TMMAgentsFree.com網站上與他人分享房地產仲介的「創造早晨奇蹟」
6. 在MiracleMorningJournal.com網站取得「創造早晨奇蹟」日記簿

國家圖書館出版品預行編目資料

上班前的關鍵1小時 / 哈爾・埃爾羅德 著；林靜華譯.--初版.--臺北市：平安文化, 2017.3
面；公分. --(平安叢書;第551種)(UPWARD;71)
譯自：The Miracle Morning

ISBN 978-986-94066-7-3(平裝)

1.生活指導 2.成功法

177.2 106001459

平安叢書第551種
**UPWARD 071**

# 上班前的關鍵1小時

The Miracle Morning

Copyright © 2014 by Hal Elrod International, Inc.
Complex Chinese Translation copyright © 2017 by Ping's Publications Ltd.
Published in agreement with Park & Fine Literary and Media, through The Grayhawk Agency
All rights reserved.

作　　者—哈爾・埃爾羅德
譯　　者—林靜華
發 行 人—平雲
出版發行—平安文化有限公司
台北市敦化北路120巷50號
電話◎02-27168888
郵撥帳號◎18420815號
皇冠出版社(香港)有限公司
香港銅鑼灣道180號百樂商業中心
19字樓1903室
電話◎2529-1778　傳真◎2527-0904
總 編 輯—許婷婷
責任編輯—張懿祥
美術設計—嚴昱琳
著作完成日期—2014年
初版一刷日期—2017年3月
初版八刷日期—2022年11月
法律顧問—王惠光律師
有著作權・翻印必究
如有破損或裝訂錯誤，請寄回本社更換
讀者服務傳真專線◎02-27150507
電腦編號◎425071
ISBN◎978-986-94066-7-3
Printed in Taiwan
本書定價◎新台幣350元/港幣117元

• 皇冠讀樂網：www.crown.com.tw
• 皇冠Facebook：www.facebook.com/crownbook
• 皇冠Instagram：www.instagram.com/crownbook1954
• 皇冠蝦皮商城：shopee.tw/crown_tw